汽 车 空 调

总主编　吴光强

主　审　王金华

主　编　金惠云

副主编　张春东

编　者　（排名不分先后）

曾银丰　　张培琦

华东师范大学出版社

图书在版编目（CIP）数据

汽车空调/金惠云主编.—上海：华东师范大学
出版社，2014.6
ISBN 978-7-5675-2248-0

Ⅰ.①汽… Ⅱ.①金… Ⅲ.①汽车空调—高等职业教
育—教材 Ⅳ.①U463.85

中国版本图书馆CIP数据核字（2014）第145908号

汽车空调

主　　编	金惠云
项目编辑	吴　余
特约编辑	王琳琳
审读编辑	丁　倩
封面设计	顾　欣
责任印制	张久荣

出版发行	华东师范大学出版社
社　　址	上海市中山北路3663号　邮编 200062
网　　址	www.ecnupress.com.cn
电　　话	021-60821666 行政传真 021-62572105
客服电话	021-62865537 门市（邮购）电话 021-62869887
地　　址	上海市中山北路3663号华东师范大学校内先锋路口
网　　店	http://hdsdcbs.tmall.com

印 刷 者	上海竞成印务有限公司
开　　本	787×1092　16开
印　　张	7.25
字　　数	156千字
版　　次	2014年8月第一版
印　　次	2014年8月第一次
书　　号	ISBN 978-7-5675-2248-0/U·021
定　　价	35.00元

出 版 人　朱杰人

（如发现本版图书有印订质量问题，请寄回本社客服中心调换或电话021-62865537联系）

总 序

　　我国汽车产销量全球第一，保有量仅次于美国。随着汽车工业的快速发展，汽车界提出了产品全生命周期管理（Product Lifecycle Management，PLM）的开发理念，加强了对人才，特别是高端技能型专门人才质量与数量的需求。2011年8月教育部出台的《关于推进高等职业教育改革，创新引领职业教育科学发展的若干意见》（教职成[2011]12号）明确指出，高等职业教育具有高等教育和职业教育双重属性，以培养生产、建设、服务、管理第一线的高端技能型专门人才为主要任务，并要求高等职业学校改革培养模式，增强学生的可持续发展能力。这无疑对高职高专院校教学理念与教学模式的创新调整提出了更高的要求。

　　发达国家的高等职业教育和高等专科教育模式不尽相同，包括国际劳工组织的"模块式技能培训（Modules of Employable Skills，MES）"、德国的"双元制（Dual Education System，DES）"、美国社区学院的"合作教育（Cooperative Education，CE）"、英国的"工读交替制（Sandwich Courses，SC）"及澳大利亚的"技术与继续教育（Technical and Further Education，TAFE）"人才培养模式等。这些模式反映了国际上高职高专人才培养的发展趋势，同时也为我国高职高专院校建立科学的人才培养模式提供了借鉴。

　　为适应新形势下高职高专汽车专业课教学的需要，推动教学模式与教学理念的发展，出版社组织上海十多所院校的骨干教师召开了"汽车类专业技能型教育规划教材"研讨会，确定了本套教材的编写指导思想和编写计划。本套教材充分考虑高职高专学生的特点和企业的需求，借鉴"DES"模式，紧紧围绕职业工作的需求，以技能训练为中心，设计教材结构与大纲；借鉴"MES"模式，采用任务驱动、项目导向的模式构建课程体系，使理论教学与技能训练有机结合、系统性与模块化有机结合；借鉴"CE"模式，结合远程化和网络化的先进教学手段，并配备教学课件、实训仿真软件与题库学习包等，使教学形式多样化。

　　该系列教材涵盖目前全国高等职业院校开设的大部分汽车类专业的基础课程和技能课程，体系完整、形式新颖、便于教学。经过各分册编者和主审的辛勤劳动，本系列教材即将陆续面世。我们希望通过本套教材的编写与推广，进一步提高高端技能型专门人才的培养水平，推动高职高专人才培养模式的改革，同时，也希望业内专家和同仁对本套教材提出指导性和建设性意见，以便在教学实践中不断完善和提高。

　　在本套教材编写过程中，得到了行业专家、各高职高专院校和企业家的支持与配合，在此表示诚挚的谢意！

同济大学汽车学院　吴光强教授、博士生导师

2012年4月于上海

前言

随着汽车工业的飞速发展，汽车电子化程度不断提高，汽车电气系统也越来越复杂。在现代汽车运用于维修的实际工作中，借助资料读懂并能分析汽车空调是对从事现代汽车维修技术人员的基本要求。因此，对高等职业院校的汽车空调课教学也提出了更高的要求，不仅要求学生掌握汽车空调的结构、原理、使用与维修知识，还要学会对汽车空调系统的使用、维护和常见故障进行诊断与排除。为达到这一目的，高等职业院校在教学过程中要突出技能，注重培养学生解决实际问题的能力。

本教材主要讲授认识汽车空调系统、汽车空调制冷系统的结构、原理、使用维护与常见故障诊断、排除及汽车空调控制系统的检测和故障诊断。通过理论教学和技能实训，使学生掌握汽车空调制冷系统的组成、制冷原理，能熟练使用汽车空调检修的常用工具和设备，具备对汽车空调进行维护、使用、检修的初步技能。

本教材涉及面广，图文并茂，深入浅出，注重理论知识与实践技能的有机结合，突出针对性、通用性、先进性和实践性在教材中的科学体现；形式上生动活泼，力求简洁实用，旨在培养学生的技术应用能力，因此，本教材是汽车检测与维修技术、汽车服务与营销、汽车电子技术等相关专业人才培养的精品教材。

本教材由上海交通职业技术学院金惠云主编；参加编写工作的还有曾银丰、张培琦等同志，在此表示感谢。

汽车技术发展迅速、新结构内容广泛，加之编者水平有限，书中难免存在不妥之处，恳请相关教学单位和广大读者批评指正。

编 者
2014年5月

目　录

项目一　认识汽车空调系统

项目概述

　　汽车空调是指对车厢的空气质量进行调节的装置，用以调节车内的温度、湿度、气流速度、空气洁净度等，从而为乘员创造清新舒适的车内环境。汽车空调是空气调节工程重要的分支之一，其工业产值仅次于房间空调，居第二位。汽车空调是现代汽车装备中的基本配置，认识汽车空调系统是每个汽车拥有者和维修者的必修课。

　　汽车空调系统由四大部分组成。本项目主要介绍汽车空调系统的组成、特点及分类，并认识汽车空调系统各部分的安装位置。

 **认识汽车空调系统**

学习目标

1. 了解汽车空调系统的特点；
2. 认识汽车空调系统的构成。

任务导入

　　空调已成为人们日常生活中不可缺少的一部分，那你知道汽车空调系统的构成吗？它与家用空调有何不同？当你打开发动机盖，能认出哪些是汽车空调的部件吗？

知识准备

一、汽车空调的特点

　　汽车直接暴露在太阳下或风雪中，实行隔热措施十分困难；汽车在行驶时又有大量风沙、废气从各种缝隙钻入车厢，造成车厢内的空气污染并增加热负荷；汽车的行驶速度并非匀速，难以保证稳定的空调工况等。所以汽车空调的工作环境比房间空调要恶劣很多。

　　由于汽车这个"移动房间"的特殊工作环境，它与建筑空调有许多不同之处，具体表现在以下几方面：

　　（1）在炎热的夏季，由于汽车车厢容积小，而且车窗占的面积比例相对较大，易受阳光直射，因此车厢内的温度很高。此外，车厢内的温度还受到地面热量的反射、人体散热、发动机的辐射以及换气热的影响，这些又加大了汽车空调的热负荷。

　　（2）汽车空调制冷压缩机不能利用电力做动力，而要由汽车发动机或专门的辅助发动机来驱动，因此对汽车的其他性能（如汽车的加速性能、爬坡性能、燃油经济性能等）均有一定的影响。

　　（3）在由发动机驱动时，汽车空调的制冷性能与汽车行驶速度有关：汽车高速行驶时，空调制冷量就大；汽车低速行驶时，空调制冷量就小，特别是轿车空调。

　　（4）汽车空间狭窄，空调装置布置较困难，而且各种汽车空调部件的通用性较差。

　　（5）汽车车厢内乘员所占的空间比例较大，加上座椅和其他机械装置的高低不平，直接影响了车厢内的风速分布和温度分布的均匀性，从而影响了人体的舒适性。

　　（6）冷凝压力偏大。对于轿车、货车、小型旅行车等大多数车辆，冷凝器置于汽车水箱前面，其散热效果受到发动机水箱温度、汽车行驶速度、路面尘土污染的影响，尤其在

汽车怠速或爬坡时，不仅冷凝压力异常增大，也影响汽车发动机水箱的散热。即使装在汽车车身侧面的冷凝器，冷却条件也很不理想。

（7）制冷剂容易泄漏。由于汽车在颠簸不平的道路上行驶，振动厉害，空调管道连接处容易松动；冷凝器易受飞石击伤或泥浆腐蚀，产生制冷剂泄漏现象。

（8）汽车空调制冷系统中循环的制冷剂热量变化较大，给设计带来困难，对于非独立式的汽车空调系统（由主发动机驱动的轿车空调、货车空调等），由于汽车车速变化范围大，发动机转速的变化可以从700 r/min（怠速）变到6000 r/min（高速），压缩机转速与发动机转速成正比，因而压缩机转速也相应提高，这给制冷系统的流量控制、制冷量调节带来困难，使得汽车空调系统的调节和控制比普通的建筑空调系统复杂。

二、汽车空调系统的组成

汽车空调系统一般包括制冷系统、暖风系统、通风系统和空气净化系统。

汽车空调系统可根据各种不同的车辆选择不同的系统组成，一些豪华型客车和轿车上装有专门的空气净化装置；而有些汽车的空调系统仅为适应热带地区或寒带地区的环境，以及为简化结构、降低成本，只设有制冷装置或取暖装置。

制冷装置主要用于夏季车内空气的降温除湿；取暖装置在冬季为车内提供暖气以及用于挡风玻璃的除霜除雾；通风装置则可对车内进行强制性换气，并使车内空气保持循环流动。

在大、中型客车上，制冷装置通常独立安装并可单独使用。如在车顶上安装两个或三个独立的强制换气扇，用于车内通风换气；冬季可用独立的燃油燃烧式加热器，为车内供暖；而夏季则用专用的副发动机（空调发动机）驱动的独立式冷气系统为车内降温。

在小型客车和轿车上，则将上述各装置有机地结合起来，组成同时具有取暖、通风、降温、除湿、挡风玻璃除霜等多功能的冷、暖一体化空调系统（称全空调系统）。这种空调系统冷、暖、通风合用一只鼓风机和一套统一的操作机构，采用冷暖混合式调温方式和多种功能的送风口，使得整个空调系统总成数量减少、占用空间小、安装布置方便，且操作和调控简单、温湿度调节精度高、出风分布均匀、容易实现空调系统的自动化控制。

三、汽车空调系统的分类

汽车空调按不同的分类依据可分为不同的类型。

（1）按其系统独立性可分为单一式与组合式两类。

单一式就是制冷系统、取暖系统各自独立，一般用于大客车上；组合式是制冷系统、暖风系统合用一只鼓风机及一套操纵机构，多用于轿车及小客车上。

（2）按压缩机的驱动方式可分为独立式与非独立式两类。

非独立式空调系统的压缩机是由汽车本身的发动机驱动，一般用于轿车；独立式空调系统的压缩机是由专用的发动机驱动，一般用于大客车。

（3）按空调蒸发器的布置方式可分为仪表板式、顶置式和下置式。

（4）按蒸发器表面温度的控制可分为离合器循环系统和蒸发压力控制系统。

（5）按控制方式可分为手动控制、半自动控制及电脑全自动控制。

随着人们对舒适性、节能等要求的提高，由电脑控制的全自动空调已越来越普及。全自动空调由人工设定温度，电脑控制，自动运行，包括制冷的运行、暖风水阀的开启、混合风门及新风门的开启角度、鼓风机的风速选择等。

由于汽车空调自身的特点，它的要求比一般房间空调有更高的技术性能和工作可靠性。

想一想：

汽车空调与家用空调的主要区别在哪里？

认识汽车空调系统的组成及安装位置

一、目的和要求

1. 认识汽车空调的四大系统；

2. 了解汽车空调系统的安装位置；

3. 学会操作汽车空调系统。

二、器材与设备

汽车空调整车或台架（以桑塔纳3000为例）；汽车空调系统零部件。

三、注意事项

1. 按照使用说明正确操作；

2. 有些车辆在打开制冷系统前，必须先打开通风系统。

四、操作过程

1. 汽车空调的四大系统认知和安装位置

打开发动机盖并寻找图1-1-1所示的汽车空调的通风、暖风、制冷和空气净化系统。

图1-1-1 汽车空调总成

2. 桑塔纳轿车手动空调的操作面板

桑塔纳轿车空调的操作面板安装在仪表台中央的下方，如图1-1-2所示，操作面板上共有A、B、C、D、E五个操作开关：

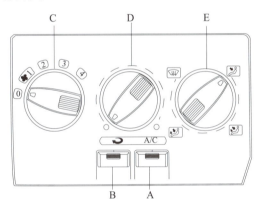

图1-1-2 桑塔纳轿车手动空调的操作面板

A——空调开关

按下按钮，按钮上的信号灯亮起，制冷空调开启。

B——空气循环开关

按下按钮B会将循环空气模式自动开启或关闭。

在接通状态下此开关上的指示灯会亮起，此运行模式下空气会由车内吸取并进行循环，这样可以避免强烈的外部气味进入车内。如果需要特别快速取暖，可选择循环空气模式。但长时间运行循环空气模式，会造成没有新鲜空气进入，而且风窗玻璃也可能会凝结水汽。

旋钮E在 挡位时，不可开启循环空气模式。

C——风量控制开关

旋钮C由0至4共5挡，可调节风量由无至最大。当旋钮C至0时，按下空调开关A，空调系统将自动以一挡风速运行。

D——温度调节开关

旋钮由蓝色至红色，出风口温度由最低调至最高。

E——空气分配开关

E开关各挡位置与出风口的关系如表1-1-1所示，表中A、B、C、D、E为仪表台上的出风口，其详细位置见图1-1-3。

表1-1-1 E开关各挡位置与出风口的关系

旋钮所指符号	气流出口	大气流量出口	小气流量出口
1	至挡风玻璃	A、B	
2	至搁脚空间	E	A、B、C、D
3	至胸部及下半身	C、D、E	A、B
4	至上半身	C、D	

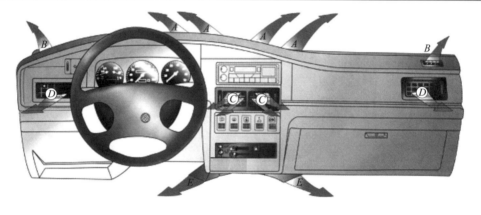

图1-1-3 桑塔纳轿车空调出风口位置图

任务评价

操作内容	认识汽车空调系统的结构组成与安装位置	操作时限	15min
评价要求	1. 正确寻找并认识汽车空调暖风系统的部件结构		
	2. 正确寻找并认识汽车空调制冷系统的总成部件		
	3. 正确寻找并认识汽车空调通风净化系统的各部件		
	4. 正确寻找并认识汽车空调电气控制系统的各部件		
	5. 正确操作桑塔纳轿车手动空调系统		
评分细则	A. 寻找汽车空调暖风系统、制冷系统、通风净化系统各部件，并能正确操作桑塔纳轿车手动空调系统		
	B. 寻找错误小于2处		
	C. 寻找错误小于4处		
	D. 超时或寻找错误大于4处		
	E. 放弃		
得分			

练习与思考

1. 为什么要使用空调?

2. 汽车空调应具备哪些功能?

3. 汽车空调系统主要由哪些部件组成?

任务2　认识汽车空调的通风、暖风及空气净化系统

学习目标

1. 了解汽车空调通风、暖风及空气净化系统的作用、种类及工作过程；
2. 会操作汽车通风、暖风及空气净化系统。

任务导入

你想知道汽车空调暖气是怎么产生的吗？暖气除用来采暖外还可对车窗玻璃进行除霜去雾，你会应用吗？

知识准备

一、汽车通风系统

1. 通风的含义

通风就是要排出人们呼吸产生的二氧化碳、蒸发的汗液、吸烟产生的烟尘以及从车外进入的灰尘、花粉等污染物，还要提供车内正压和局部排气量所需的风量，并且将新鲜空气送进车内取代污浊空气。

2. 通风的种类

汽车空调通风可分为自然通风、强制通风和综合通风三种类型。自然通风是利用汽车行驶时产生的风压将外部空气引入车内，空气的引入口设在正压区，车内空气的排出口设在负压区。强制通风是使用鼓风机强制引入外部空气，其引入口和排出口要求和自然通风一样。综合通风是指汽车上同时采用自然通风和强制通风。

（1）自然通风

自然通风也称动压通风，是利用汽车行驶时车身外部所产生的风压为动力，在适当的地方开设进风口和排风口，以实现车内的通风换气。

进、排风口的位置取决于汽车行驶时车身外表面的风压分布状况和车身结构形式。图1-2-1所示为轿车车身表面空气压力分布图，图1-2-2所示为轿车空调通风循环。其进气口设在车头部位，这个位置属于正压区，且离地面应尽可能地高，以防引入汽车行驶时扬起的带有尘土的空气，保证进来的空气较新鲜；排气口设在尾部，为负压区，并且应尽量加大排气口的有效流通面积，提高排气效果，还必须注意防尘、防止噪声以及雨水的侵入。

进风处都设有进气阀门和内循环空气阀门，用来控制新鲜空气的流量。当空调刚起

动、车内温度较高时，应关闭外来空气，让车内空气循环，通过蒸发器尽快降低车内温度。等车内温度降下来后，再打开新鲜空气进气阀，保持车内空气的清新度。

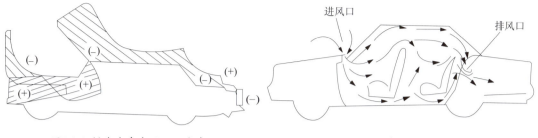

图1-2-1 轿车车身表面风压分布　　　　　　图1-2-2 轿车空调风的循环

由于动压通风不消耗动力，且结构简单，通风效果也较好，因此，轿车大都设有动压通风口。

（2）强制通风

强制通风是利用冷暖一体化空调的鼓风机强制从车外引入新鲜空气与车内空气混合，混合后再送入车内。这种方式需要能源和通风设备，在冷暖一体化的汽车空调上，大多采用通风、供暖和制冷的联合装置，将外部空气与空调冷暖空气混合后送入车内，此种通风装置常见于高级轿车和豪华旅行车上。

（3）综合通风

综合通风是在自然通风的基础上安装强制通风装置，可根据需要分别使用和同时使用。

综合通风虽然结构复杂，但省电、经济性好、运行成本低，特别是在春秋季节的天气，用自然通风导入凉爽的室外空气，以取代制冷系统工作，同样可以保证舒适性的要求。这种通风方式近年来在汽车上的应用逐渐增多。

二、汽车暖风系统

汽车空调暖风系统是将车外新鲜空气引入热交换器，吸收其中某种热源的能量，从而提高空气的温度，并将热空气送入车内的装置。

1. 暖风系统的作用

（1）调节温湿度：通过冷暖风的混合，可将车内的温度和湿度调节到设定值，满足乘员的舒适性要求。

（2）供暖：冬天由于天气寒冷，人在行驶的汽车内会感到更寒冷。这时，汽车空调可以向车内提供暖气，以提高车厢内空气的温度，使人感觉舒适。

（3）除霜去雾：冬季或者春秋季，室内外温差较大，车上玻璃会结霜或起雾，影响驾驶员和乘客的视线，这样不利于行车安全，这时可以用热风除霜和除雾。

2. 暖风系统的分类

汽车取暖系统根据热源不同，可分为独立式暖风装置、非独立式暖风装置和综合式暖风装置。

（1）独立式暖风装置是利用燃油作为燃料在专门的燃烧器内燃烧产生热量为车内提供暖气。其特点是供暖充分，不受汽车运行状态的影响，但结构复杂，耗能大，主要用于需要较大供暖量的大、中型客车。

（2）非独立式暖风装置如果是利用发动机冷却液的热量取暖，则被称为水暖式暖风装置。这种装置多用于轿车、大型货车及采暖要求不高的大客车上；如果是利用发动机排气系统的热量取暖，则被称为气暖式暖风装置。这种装置多用于风冷式发动机汽车和有特殊要求的汽车上。

（3）综合式暖风装置是既利用发动机冷却液的热量取暖，又装有燃烧预热器的综合加热取暖装置。这种装置多用于豪华大客车。

3. 水暖式暖风装置的结构与工作原理

水暖式暖风装置一般以水冷式发动机冷却系统中的冷却液作为热源，将冷却液引入车辆内的热交换器中，使鼓风机送来的车厢内空气（内气式）或外部空气（外气式）与热交换器中的冷却液进行热交换，鼓风机将加热后的空气送入车厢内。

水暖式加热系统工作原理如图1-2-3所示。

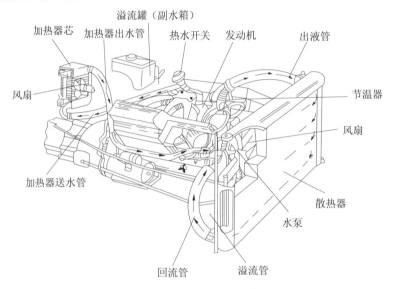

图1-2-3 水暖式加热系统工作原理

水暖式暖风装置分为直接供暖、独立供暖和内外循环供暖三种。

（1）直接供暖暖风装置

轿车、载货车和中小型客车，需要的热量较少，可以用发动机冷却液的余热来直接供暖。余热供暖设备简单，使用安全，运行经济。但其缺点是供热量较少，受汽车运行工况的影响，发动机停止运行时没有暖气提供。

从发动机出来的冷却液经过节温器，在温度达到80℃时，节温器开启，让发动机冷却液流到供暖系统的加热器芯，在节温器和加热器之间设置了一个热水开关，用来控制热水的流动，冷却液的另一部分流到散热器。冷却液在加热器散热，加热周围的空气，然后再用风扇送到车内；冷却液从加热器出来，在水泵的泵吸下，又重新进入发动机的散热器内，冷却发动机，完成一次供暖循环。

（2）独立供暖暖风装置

独立供暖暖风装置的结构如图1-2-4所示。

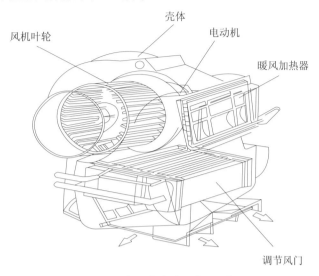

图1-2-4 独立供暖暖风装置结构

它由暖风热交换器、风机及外壳组成一个完整的总成。壳体上有吹向脚部、前部的出风口及吹向车窗起除霜作用的出风口。还有一种结构形式是将加热器和蒸发器组装在一个箱体内，共用一个风机和壳体，可以实现全功能空调，大多数高级豪华轿车采用这种结构形式。

不论何种形式的水暖暖风机，在暖风水箱的进水管路上都设有调节阀，用以调节进入暖风加热器的水流量大小。

暖风加热器的底部一般都设置放水阀，以便冬季停车时放掉其中的水，也防止夜晚结冰损坏暖风加热器。暖风加热器目前主要结构形式有管片式和管带式两种。管带式的散热效率高、体积小、重量轻，但制造工艺要复杂些。现在用得最多的还是管片式加热器，可以采取减小管壁、在散热翅片上开槽等措施，以提高其传热效率。

（3）水暖式内外混合循环暖风装置

水暖式内外混合循环暖风装置如图1-2-5所示。

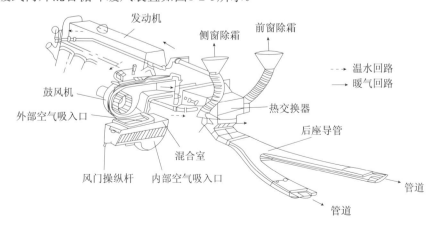

图1-2-5 水暖式内外混合循环暖风装置

由外部空气吸入口吸进新鲜空气，内部空气吸入口吸入内部空气，它们在混合室混合后，由鼓风机送入热交换器空气侧，热交换器管内侧由发动机循环水提供热源，混合气体被加热后送往前座脚下，通过前窗、侧窗除霜的连接管输送到车窗除霜或除雾。

由于这种结构的暖风装置效果较好，一般用在中、高档轿车上。

4. 气暖式暖风装置的结构与工作原理

气暖式供暖系统是利用发动机的排气余热进行车厢采暖。在汽油机中，发动机排气带走的热量约占36%；在柴油发动机中，则占30%左右。

气暖式供暖系统是最早采用的空调形式之一，是让排气管通过驾驶室直接供暖。这种方法由于排气管温度很高，容易烫伤人体或物品，而且传热方式完全靠热辐射，给人一种灼热烘烤的感觉，使人不舒服。进入车厢部分的排气管若连接处不密封或管子有渗漏，燃烧后的废气会进入车厢，危及人身安全，目前这种供暖系统已被淘汰。

（1）气暖式热交换器

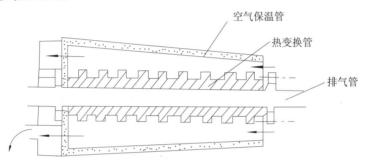

图1-2-6 气暖式热交换器

通常将热交换器（图1-2-6）铸成带散热翅片的管子，装在发动机排气管上，一方面，内腔作排气管用，另一方面，外侧加热空气将其汇集起来送到车内作供暖用。

（2）气暖式暖风装置

气暖式暖风装置的结构如图1-2-7所示。它是在发动机的排气管上安装一个热交换器用于加热空气。工作时，将通往消声器的阀门关闭，汽车废气就进入热交换器内，用于加热交换器外的冷空气，冷空气通过热交换器吸收热量后温度升高，由风机吹入车厢内用于采暖和除霜。

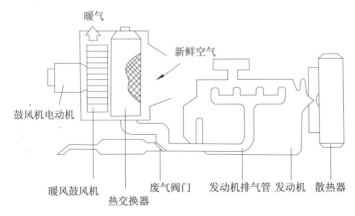

图1-2-7 气暖式暖风装置示意图

（3）余热气暖式暖风装置

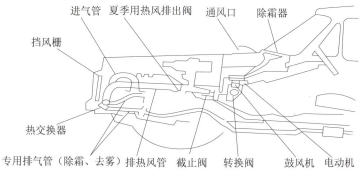

图1-2-8 轿车空调余热气暖式暖风装置

余热气暖式暖风装置如图1-2-8所示。热交换器接在发动机后，由进气管将混合气引入热交换器加热，加热的空气通过排热风管，由鼓风机将加热的空气送入车厢内采暖。

仪表板上的控制板，可改变风门位置使部分热风进入除霜器，对车前窗玻璃除霜。若需要，还可通过专用排气管对后窗玻璃、侧位玻璃、脚下等部位供暖。夏季空调制冷时，从蒸发器吹出的冷风温差较大使人感到不舒服，这时可通过与热风排出阀吹出的热风相混合，混合比例可根据舒适度要求由风门控制冷热风量，这样就可以得到舒适的凉风。截止阀是用来关闭热风的。

由于发动机的废气含热量较高，能够提供足够暖气来调节车内的温度，所以特别适合解决北方寒冷地方的车内供暖问题。但它的供热效果受车速、发动机工况的影响，供暖温度不稳定。其次，由于废气中含腐蚀性气体以及有毒气体和微粒，这种取暖器必须采用耐腐蚀材料，连接的密封性必须可靠，否则一旦穿孔，后果不堪设想。另外，在排气管道中加装的换热装置加大了排气阻力，对发动机工况也有一定影响。

5. 独立燃烧式取暖装置

大型豪华旅游车、客车以及寒冷地区使用的汽车等，常常采用独立燃烧式取暖装置。独立燃烧式取暖装置同样也分为独立燃烧气暖式暖风装置和独立燃烧水暖式暖风装置。它们均是在燃烧器内燃烧汽油、煤油、柴油，产生的热量用来加热空气或水，输送到车厢内提高其温度，燃烧后的气体在热交换器后排除车外，对车内空气无污染。

（1）独立燃烧气暖式暖风装置

这种取暖装置由专业厂家生产，利用燃料在双层燃烧筒体内燃烧所产生的热量来加热空气。其燃料通常采用轻柴油，加热空气可采用外部空气或车内空气循环。该类取暖装置的特点是发热量大，见效迅速，单机控制而不受发动机工况影响，且易于自动控制，在欧洲和日本的大客车上很常见。近几年来，国内的许多客车厂在高档客车上也普遍装用这类取暖装置。

独立燃烧式气暖装置由燃烧室、热交换器、供给系统及控制系统组成。

燃烧室——由燃料罐、火花塞和环形雾化器、燃料分布器等组成。环形雾化器直接装在风扇电动机的轴上，依靠离心力和空气的切向力将油雾化、混合，再在电火花塞点火引燃下，在燃烧器上部燃烧。燃烧室温度达800℃，所以要用耐热不锈钢制造。

热交换器——紧靠在燃烧室后端，由双层腔室构成。中心是燃烧室，包围燃烧室的第一层空腔通加热的空气，再包围一层空腔通燃烧气体，然后引到排气腔，外面再包围一层空腔通加热空气。燃烧热量通过金属隔板加热空气，加热后的空气集中到暖气室，然后送到车内。

燃烧室内空气供应和燃料泵都是由风扇电机来驱动的。燃料泵从油箱中抽取燃油，经过滤器、吸入管到油泵，送入环形雾化器后和空气混合燃烧。空气是依靠鼓风机吹向加热器夹层的。

控制系统——用来控制各种电动机、电磁阀、点火器、过热保护器、定时继电器的工作。当加热器的暖风出口温度超过设定值（180℃）时，过热保护器将会动作，使继电器自动切断油泵电磁阀的电源，油泵停止供油，加热器停止燃烧。由于燃烧室的温度非常高，为了不使燃烧室被烧坏，停机时应先关油泵，停止燃烧器燃烧，而通风机仍继续运转，带走燃烧室的热量，直到其温度降至正常，才关闭通风机。

对装用独立燃烧式气暖装置的大客车，要对车身进行特别设计，尤其是地板的密封处理。箱体加热器部分的安装位置要适当，注意燃烧排气管的布置走向，最好引向车身外侧，而且要注意停车时尽量不使用，以免空气不流通，使燃烧废气进入车内，且增加蓄电池的耗电量。在布置上，暖风机与柴油发动机共用同一燃油箱，使用时确认点火和正常燃烧程序，通过仪表和指示灯监视耗能量和燃烧工作情况。

（2）独立燃烧式水暖装置

独立燃烧式水暖装置的工作原理与气暖式基本相同，只是其加热工质不是空气而是水，而且用水泵代替了风扇。水暖式的最大优点是不仅可用于车厢取暖，而且可预热发动机、润滑油。后者有利于冬季发动机起动，待发动机起动后，再将被加热的水通向车厢内的水箱。水箱一般是管带式或管片式结构，管子内部流入已加热的热水，而管外则流过待加热的车厢内空气，管外的铝带或铝翅片是为了增加其散热能力。

如果水暖式的水加热器与发动机的冷却水管路相同，则在发动机冷却水温度低于80℃时水加热器开始工作。当水温高于80℃时，由于恒温器的控制会自动切断油泵电源，停止供油；而加热器中的水泵继续工作，以保证水加热器零件不因过热损坏，并继续向车厢内供应暖气。

独立燃烧式水暖装置的暖风主要采用内循环式，灰尘少，暖气比较柔和而不干燥，人体感觉较舒适，不像空气加热器那样高温干热。这种加热器还可作为发动机的预热器，加热发动机的冷却水，在提高发动机的起动性和耐久性的同时可作为暖气装置。但水加热器也存在一些缺点：在长期远行后水管容易积水垢，影响热交换器的换热效率。因此使用中还要经常清洗水垢，清除水垢时，需将加热器中的水全部放尽，然后注入浓度为10%（质量分数）的稀盐酸在加热器内循环，直至管内水垢全部清除。

三、汽车空气净化系统

进入车内的空气由车外空气和车内循环空气两部分构成。车外空气受到环境的污染，

如粉尘、烟尘以及汽车尾气排出的含有CO、CO_2、SO_2等成分的有害气体；车内循环空气受到人的活动和工作过程的污染，如人体呼出的CO_2、身体散发出的汗味以及通过缝隙漏入车内的车外气体，这些都影响人体的健康，降低了空调的舒适性。因此，汽车空调必须设净化装置。

汽车空调净化处理，主要是除去空气中的悬浮尘埃。此外，在某些高级豪华汽车空调中还设有除臭和空气负离子发生装置。

汽车在公路上行驶，悬浮粉尘是最大的污染。悬浮粉尘主要由固定物质破碎形成的固体颗粒、燃烧不完全产生的固体烟尘、蒸馏形成的烟气以及雾、花粉、细菌等组成。根据粉尘特性的不同，除尘净化可采取过滤除尘和静电除尘两种形式。

汽车空调系统采用的空气净化装置通常有空气过滤式和静电集尘式两种。

1. 空气过滤式

过滤除尘主要采用由无纺布、过滤纤维等组成的干式纤维过滤器对空气进行过滤除尘。对于较大的尘埃，可利用其惯性作用，因其来不及随气流转弯而碰在纤维孔壁上；对于微小颗粒，在它们围绕纵横交错的纤维表面做布朗运动时，会因与纤维接触而沉积下来，并且与纤维摩擦产生静电作用，被纤维吸附在其表面，因此，空气过滤式净化系统结构简单，只需定期清理过滤网上的灰尘和杂物即可，故被广泛运用于各种汽车空调系统中。

2. 静电集尘式

静电除尘是利用高压电极产生高压电场，当含粉尘的空气经过时，对空气放电，使尘粒带电；然后带电尘粒在电场作用下产生定向运动，尘粒沉降在正负电极上而实现对空气的过滤除尘。

静电集尘式净化器的工作原理如图1-2-9所示，它由电离部、集尘部、活性炭吸附部三部分组成。电离部和集尘部可做成一体，也可分开，它们是静电式净化器的主要组成部分。电离部在电极之间加以5kV的电压，会产生电晕放电，使粉尘被电离带上负电并被正极板吸引。正极板就是集尘部，在集尘部外加高电压，使粉尘受库仑力作用而附在正极板上。当集尘部上积灰达到一定量时，可进行清洗、除尘或更换。除去粉尘后的空气，再用活性炭吸附除去臭味及有害气体，净化后的空气被送到车厢内。有的净化器还设有负离子发生器，改善车厢内空气品质，有利于人体健康。

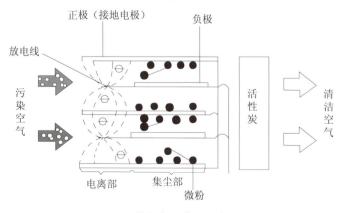

图1-2-9 静电集尘净化工作原理

静电集尘式空气净化装置的空气净化过程如图1-2-10所示。

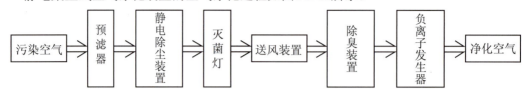

图1-2-10 静电集尘式空气净化装置工作过程框图

（1）预滤器——用于过滤大颗粒的杂质。

（2）静电除尘装置——以静电集尘方式把微小的颗粒尘埃、烟灰及汽车排出的气体中含有的微粒吸附在集尘板上。

（3）灭菌灯——用于杀死吸附在集尘板上的细菌。它是一只低压水银放电管，能发射出波长为353.7 nm的紫外线光，其杀菌能力约为太阳光的15倍。

（4）除臭装置——用于除去车厢内的油料及烟雾等气味，一般是采用活性炭过滤器、纤维式或滤纸式空气过滤器来吸附烟尘和臭气等有害气体。

静电集尘式空气净化装置结构如图1-2-11所示。

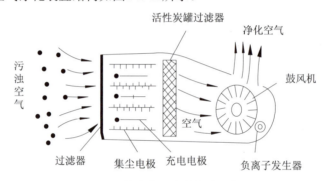

图1-2-11 静电集尘式空气净化装置

静电集尘式空气净化装置是在空气进口的过滤器后再设置一套静电集尘装置或单独安装一套用于净化车内空气的静电除尘装置。它除具有过滤和吸附烟尘等微小颗粒杂质的作用外，还具有除臭、杀菌、产生负氧离子以使车内空气更为新鲜洁净的作用。由于其结构复杂、成本高，所以一般只用于高级轿车和旅行车上。

想一想：

汽车空调通风、暖风及空气净化系统有哪些分类？它们各有什么作用？

桑塔纳3000型暖风、通风装置的拆装与调节

一、目的和要求

1．正确拆装桑塔纳3000型暖风装置；
2．正确拆装和调节桑塔纳3000型暖风、通风装置的拉索。

二、器材准备

一辆带空调的汽车或一架汽车空调台架。（以桑塔纳3000型轿车为例）

三、注意事项

注意只有当发动机温度在允许范围内方可进行操作。

四、操作过程

1. 暖风芯的拆装

桑塔纳3000型暖风芯安装在空调的空气分配箱中，如图1-2-12所示。

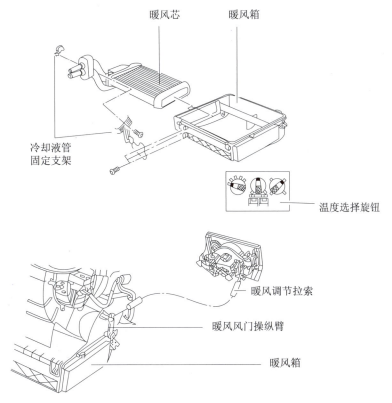

图1-2-12 桑塔纳3000型轿车水暖式采暖装置的结构图

拆装暖风芯首先要把驾驶员侧储物箱先拆下，再把整个仪表板拆下，最后拆下左侧风道及中央风道，这些都是暖风芯的外围部件。

然后按图1-2-13松开两处胶管喉箍（箭头所示），拔下胶管。

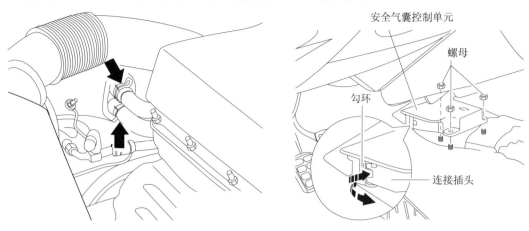

图1-2-13 松开箭头所示两处胶管喉箍　　　　图1-2-14 沿箭头所示方向转动勾环

再沿图1-2-14箭头所示方向转动勾环，并从控制单元上拉出连接插头，拧下螺母，拆下安全气囊控制单元。

再如图1-2-15箭头A所示松开固定夹扣，沿箭头B所示方向水平拆下暖风箱。并如图1-2-16箭头所示旋出螺栓，松开冷却液管固定支架。

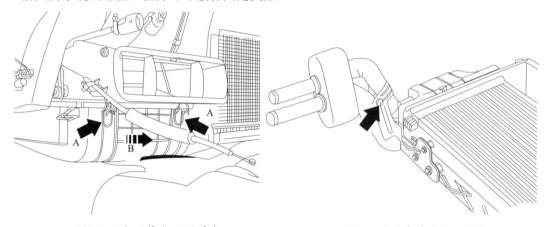

图1-2-15 松开箭头A固定夹扣　　　　图1-2-16 旋出箭头所示螺栓

如图1-2-17箭头所示，小心地用起子撬开冷却液管罩盖；最后如图1-2-18所示，按箭头方向，拆下热交换器。

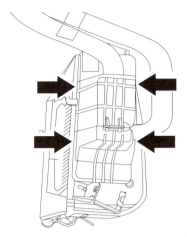

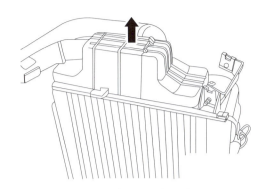

图1-2-17 用起子撬开箭头所示的罩盖　　　　图1-2-18 按箭头方向拆下热交换器

暖风芯的安装顺序与拆卸顺序相反。

2. 通风与暖风拉索的拆卸、安装和调节

在拆卸通风与暖风拉索之前，先要拆卸驾驶员侧储物箱。

（1）通风与暖风拉索的拆卸与安装

如图1-2-19所示，小心地撬起并拆下调节装置装饰面板，如图1-2-20箭头所示，旋出四周的螺钉。注意：安装顺序与拆卸顺序相反。

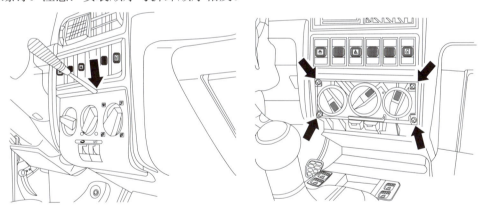

图1-2-19 拆下调节装置装饰面板　　　　图1-2-20 旋出四周的螺钉

拆卸通风拉索时，应将温度旋钮旋至图1-2-21箭头所示位置。再如图1-2-22中箭头所示拆卸固定拉索的弹簧夹片。

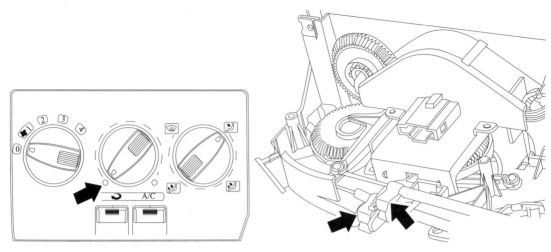

图1-2-21 温度旋钮旋至箭头所示位置　　　　图1-2-22 拆卸固定拉索的弹簧夹片

然后，将拉索沿箭头方向旋转并向上拉出，如图1-2-23所示。

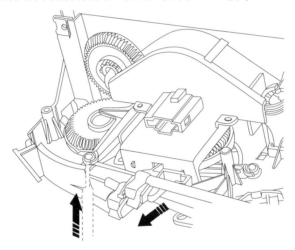

图1-2-23 拉索沿箭头方向旋转并向上拉出

安装拉索时，拉索应先装配到卸下来的调节装置上，然后再将拉索固定到新鲜空气风箱上。

先将三根拉索的一端分别钩在暖风和新鲜空气调节装置上，并用弹簧夹片固定；再将两根拉索的另一端分别连接到新鲜空气风箱的风门上；最后根据风门位置调整好拉索位置并固定拉索。

（2）通风拉索的调节

在安装拉索并固定之前，通常要调整拉索的位置。

拆卸驾驶员储物箱。启动发动机，将鼓风机调速旋钮旋至四挡。检查系统旋钮和风口的位置与各出风口出风情况是否一致。

①将空气分配器旋钮旋至图1-2-24所示的除霜位置，检查中央出风口风门和除霜风门是否处于图示位置；再根据实际情况调整拉索，按图示检查图中除霜风口、脚下出风口、中央出风口处的出风情况。

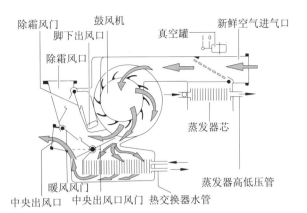

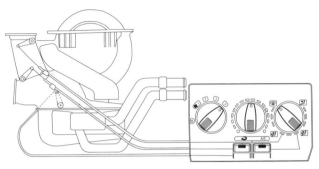

图1-2-24 鼓风机旋钮旋至四档

　　②将空气分配器旋钮旋至图1-2-25所示的脚部通风位置，检查中央出风口风门和除霜风门是否处于图示位置，再根据情况调整拉索。按图示检查图中除霜风口、脚下出风口、中央出风口风门处的出风情况。

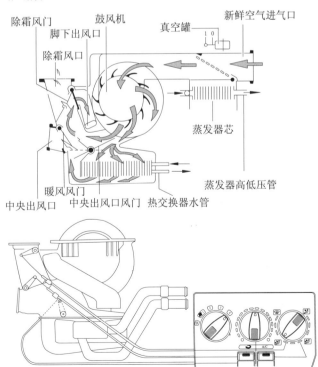

图1-2-25 空气分配器旋钮旋至脚部通风位置

③将空气分配器旋钮旋至图1-2-26所示的迎面通风位置，检查中央出风口风门和除霜风门是否处于图示位置，再根据情况调整拉索。按图示检查图中除霜风口、脚下出风口、中央出风口风门处的出风情况。

④经上述调整合格后，将通风拉索紧固。

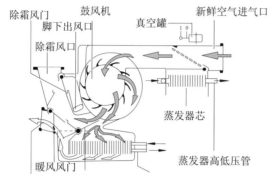

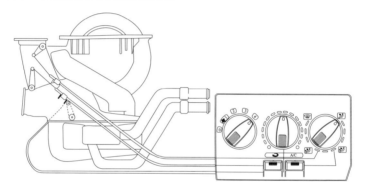

图1-2-26 空气分配器旋钮旋至迎面通风位置

（3）暖风拉索的调节

将中间的温度调节旋钮旋至最右端，此时暖风风门操纵臂应处于图1-2-27所示的全开位置。调整完毕后将暖风拉索固定。

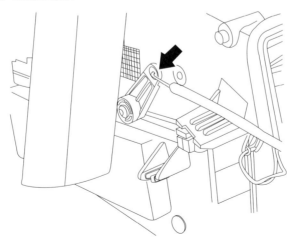

图1-2-27 暖风拉索调节

操作内容	汽车空调暖风、通风装置的拆装与调节	操作时限	15min
评价要求	1. 检查燃油、润滑油、冷却液、蓄电池（口述）		
	2. 正确拆装桑塔纳3000型暖风装置		
	3. 正确拆装和调节桑塔纳3000型暖风、通风装置的拉索		
	4. 熟知空气净化装置的工作过程		
评分细则	A. 诊断前检查水、油、电（或口述），熟练拆装桑塔纳3000型暖风装置，正确拆装和调节桑塔纳3000型暖风和通风装置的拉索，熟知空气净化装置的工作过程		
	B. 操作方法、步骤错误小于2处		
	C. 操作方法、步骤错误小于4处		
	D. 超时或操作方法、步骤错误大于4处		
	E. 放弃		
得分			

练 习 与 思 考

1. 汽车通风装置有哪几种类型？各有何特点？
2. 汽车暖风装置有哪几种类型？各有何特点？
3. 桑塔纳3000型轿车的暖风装置属于什么形式的取暖装置？
4. 汽车空调为什么需要通风与净化的功能？
5. 汽车空调的净化方式有哪些？目前，经济型轿车上的空调系统一般都采用哪些空气净化方式？
6. 试画出静电集尘式空气过滤装置的基本框图，并说出其工作过程。

项 目 小 结

1. 汽车空调系统由制冷系统、取暖系统、通风系统和空气净化系统组成。
2. 汽车空调系统的特点有：热负荷较大；压缩机的动力由汽车发动机或专门的辅助发动机驱动，对汽车的性能（如汽车的加速性能、爬坡性能、燃油经济性能等）有一定的影响；空调的制冷性能与汽车行驶速度有关（汽车高速行驶时，制冷量就大；汽车低速行驶时，制冷量就小，特别是轿车空调）；汽车空调部件的通用性较差；车厢内的风速分布和温度分布不均匀；冷凝压力偏大；制冷剂容易泄漏、制冷系统的流量控制、制冷量调节困难。
3. 汽车空调系统的分类：（1）按其系统独立性可分为单一式与组合式；（2）按压缩机驱动方式可分为独立式与非独立式；（3）按空调蒸发器的布置方式可分为仪表板式、顶置式和下置式；（4）按蒸发器表面温度的控制可分为离合器循环系统和蒸发压力控制系统；（5）按控制方式可分为手动控制、半自动控制及电脑全自动控制。

4. 汽车空调是对车厢内空气的温度、湿度、洁净度、流速等进行调节的一种设备。

5. 汽车空调通风可分为自然通风、强制通风和综合通风三种类型。

6. 汽车取暖系统根据热源不同,可分为独立式取暖装置、非独立式取暖装置和综合式取暖装置。

7. 汽车空气空调净化系统有空气过滤式和静电集尘式两种。

项目二 汽车空调的制冷系统

项目概述

  汽车空调制冷系统提高了汽车的舒适性，但也是汽车空调最易发生故障的部分。只有理解汽车空调系统的工作原理，熟悉该系统常见故障和排除方法才有可能找到故障原因并对其检修。本项目主要介绍汽车空调制冷系统的制冷剂和冷冻油；制冷系统的基本工作原理和工作过程；制冷系统各组成部分的结构特点、工作过程及使用维护。

任务1 制冷剂和冷冻油的正确使用

1. 了解R134a的基本性能并学会正确使用；
2. 熟悉冷冻油的基本作用并学会正确使用。

小李看着师傅往汽车空调系统中添加制冷剂，就问师傅："制冷剂为什么能实现对车厢内制冷呢？汽车空调的制冷剂到底具有什么特性，您为什么使用时特别小心？"

知识准备

一、汽车空调的制冷剂

制冷剂是汽车空调中使用的一种特定的化学物质。它是一种流体，在汽车制冷系统中依靠压缩机的动力而循环流动，在流过蒸发器时吸收车厢内热量，由液态蒸发成气态；在流过冷凝器时又将吸收的热量放出，传到外界空气中，而自身冷凝成液体。汽车空调利用制冷剂的这种物态变化来达到对车厢内的空气进行制冷的目的。

我国车用空调使用的制冷剂主要有R12与R134a两种，由于R12（二氯二氟甲烷，CF_2CL_2）对地球表面臭氧层有破坏作用，在2007年元旦以后已被禁用。R134a因为具有与R12相似的热力特性，又具有良好的环保性能，所以目前被认为是取代R12最好的过渡性替代物。图2-1-1所示为这两种罐装制冷剂的外形。

图2-1-1 罐装制冷剂

1. R134a制冷剂的主要性能

R134a制冷剂是乙烷的衍生物。化学名为四氟乙烷。

（1）R134a与R12主要热力特性对比如表2-1-1所示。

表2-1-1 R134a与R12主要热力特性对比

特性项目	R134a	R12
分子量	102.9	120.9
标准大气压下沸点	$-26.5℃$	$-29.8℃$
凝固温度	$-101℃$	$-157℃$
临界温度	$101.1℃$	$111.7℃$
临界压力	4.07MPa	4.12MPa
临界比容	$1.942dm^3/kg$	$1.793dm^3/kg$
汽化潜热（0℃）	197.29kJ/kg	151.5kJ/kg
分子式	CH_2FCF_3	CF_2Cl_2

由表2-1-1可知，R134a的沸点为$-26.5℃$，这就是说，一罐R134a制冷剂液放在一块冰上也会急剧沸腾。所以，对于用作热交换介质的制冷剂来说是一个理想的介质。

（2）R134a的安全性好，无色，无味，不燃烧，不爆炸，基本无毒性，化学性质稳定，无腐蚀性。

（3）R134a蒸发潜热高，具有较好的制冷能力。

2．R134a的不足

（1）分子量小，即分子直径比R12略小，所以更容易通过橡胶向外泄漏。

（2）虽然不含氯原子，对臭氧层的破坏系数为零，但仍存在温室效应。

二、汽车空调的冷冻油

制冷系统中的润滑油被称为冷冻油。汽车空调中，冷冻油是与制冷剂溶合在一起工作、流动的。

1．冷冻油的作用

（1）润滑作用。高速旋转压缩机的各运动部件的表面必须润滑，以减小摩擦阻力和零件磨损，延长使用寿命。还可降低功耗和噪声，提高制冷系数。

（2）冷却作用。运动部件表面的摩擦会产生高温，冷冻油在润滑的同时也起到了冷却作用。如果压缩机润滑不够会引起温度上升，还会使系统压力变大，制冷系数降低，甚至烧坏压缩机。

（3）密封作用。汽车空调压缩机的输入轴都靠专用的密封圈来密封，以防止制冷剂泄漏。而有润滑油，密封圈才能起密封作用。同时，活塞环上的润滑油不仅能减小摩擦，还具有密封压缩蒸气的作用。甚至连接管路的接合面也需涂上冷冻油，以加强管路接头处的密封性。

2．冷冻油在系统中的分布状况

制冷系统在经过稳定运行的周期后，系统中冷冻油的分布大致如图2-1-2所示。

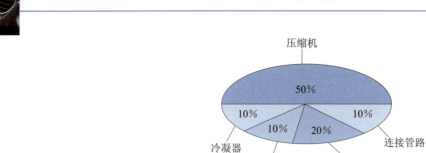

图2-1-2 冷冻油分布图

三、使用制冷剂及冷冻油的注意事项

1. 使用制冷剂的注意事项

（1）由于液态制冷剂的沸点低，如果不小心触及人体，会造成严重冻伤甚至失明。如果发生意外事件，应立刻用清洁的冷水清洗，特别是眼睛，应至少冲洗10分钟，然后尽快到医院诊治。

（2）灌注制冷剂时，不要赤手去拿潮湿的容器。因为湿容器的外面会结霜，会把手冻结在容器上。

（3）不要让制冷剂容器温度超过50℃。高温度会在容器里产生过高的压力，这对薄壁的容器来说十分危险。

（4）不要在密封的有明火的地方泄放制冷剂。制冷剂受到明火的影响可能会产生有毒气体，而制冷剂气体每次吸进一点，逐渐累积起来会造成中毒。只有通风良好、空气流通的地方才是唯一的安全工作地点。

2. 使用冷冻油的注意事项

（1）只能使用制造厂规定牌号的冷冻油。系统即使渗入极少量其他的冷冻油，也会影响整个系统的制冷效力。

（2）与R134a制冷剂互溶的冷冻油的吸水性都很强，必须存放在密闭的容器中。使用完冷冻油的瓶盖要立刻拧紧，以减少空气的侵入。而且不要把油从一个容器倒入另一个容器，这样易使油受到污染。

（3）系统里放出的油，不管看上去多干净都不能再使用，应把它处理掉。

想一想：

1. R12与R134a能混在一起使用吗？为什么？

2. 汽车空调上使用的制冷剂和家里使用的空调制冷剂一样吗？

制冷剂的泄放与加注

一、目的与要求

1. 正确泄放制冷剂；
2. 正确加注制冷剂。

二、器材与设备

带有空调的汽车（或台架）；制冷剂回收仪；真空泵；压力表。

三、注意事项

1. 按照使用说明进行正确操作；
2. 泄放完制冷剂后，注意进行保压试验；
3. 泄放过程中，注意不要将冷冻油放掉；
4. 加注制冷剂时，一定要严格按照操作步骤进行。

四、操作过程

1. 制冷剂排放

在拆卸空调系统中的任何零部件前，都必须先排出空调系统中的制冷剂。具体操作步骤如下：

（1）将歧管压力表接至空调系统（图2-1-3）；

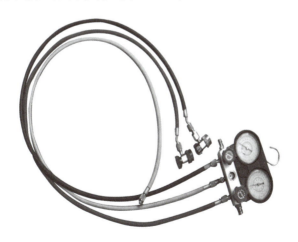

图2-1-3 歧管压力表

先关闭歧管压力表上的高压和低压侧手阀，将充填软管接至充填阀，低压软管接至低压充填阀，高压软管接至高压充填阀，并用手拧紧软管螺母。注意：不要对连接部位涂压缩机油。

（2）将歧管压力表的中间软管自由端放在一块干净的工作布上。

（3）慢慢地打开高压侧手阀调节制冷剂流量，打开手阀时应轻微而缓慢，以防制冷剂排放太快，压缩机油从空调系统中流出。

（4）检查干净工作布上是否有油，如果有应关小手阀。

（5）当高压表读数降到343kPa时，慢慢地打开低压侧手阀。

（6）随着空调系统压力的下降，逐步将高压和低压侧手阀全开，直至两个表读数为0kPa。

2. 空调系统抽真空

空调系统一经开放就必须抽真空，以清除可能进入空调系统的空气和水分。图2-1-4所示为真空泵。

图2-1-4 真空泵

（1）将歧管压力表与空调系统相连，将歧管压力表的中间软管接到真空泵进口。

（2）打开高压和低压侧手阀并启动真空泵。如果打开低压手阀，高压表进入真空范围，说明系统中没有阻塞。

（3）大约10分钟后，检查低压表真空值，若大于80.0kPa，要关闭高压和低压侧手阀并停止真空泵工作。5分钟后，检查低压表真空值有无变化，如有变化则应检查和修理渗漏处。如果没有渗漏，继续抽真空，直至低压表读数为−99.98kPa。

（4）关闭高压和低压侧手阀，停止真空泵工作，5分钟或更长时间后，检查低压表读数是否有变化，若无变化即可向空调系统充入制冷剂。

3. 冷冻油的添加

添加冷冻油一定要保证是同一牌号的冷冻油，因为不同牌号的冷冻油会生成沉淀物。除大客车以外，其他小型汽车制冷系统的冷冻油都很难检查。对一辆轿车来说，系统稳定运行1小时以上，冷冻油总量在系统中的分布大致如图2-1-2所示，所以当更换某一部件或软管时，应添加相应冷冻油。

添加冷冻油一般有两种方法：

（1）直接加入法

将冷冻油按标准量称好或用洁净的量杯量好，直接倒入系统内（图2-1-5），这种方法只在更换蒸发器、冷凝器和贮液干燥器时可以采用。

图2-1-5 冷冻油直接加入法

（2）真空吸引入法

真空吸入法是在系统抽真空前，用带有刻度的合适量杯，准备比需要的补充量还要多一些的冷冻油，然后按图2-1-6所示与系统连接好歧管压力表和真空泵。

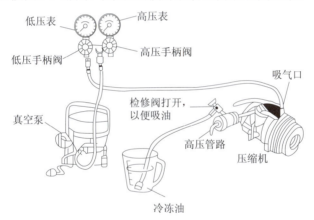

图2-1-6 冷冻油的添加法

①关闭高压侧手柄阀；

②关闭压缩机上的检修阀；

③从歧管压力表上卸下高压侧软管，并将该软管端口插入冷冻油杯中；

④开动真空泵；

⑤打开压缩机上的检修阀，把冷冻油从油杯吸入系统；

⑥油杯快吸完时，要注意立即关闭检修阀，以免吸入空气；

⑦把高压侧软管接头拧在歧管压力表上，打开高压侧手柄阀，开动真空泵，先为高压侧软管抽真空，然后再打开检修阀，为系统抽真空。此时，冷冻油在高压侧，系统运转后，冷冻油会随制冷剂一起返回压缩机。

4. 制冷剂的加注

充注制冷剂的方法一般有两种：

（1）充注液态制冷剂（适合给新系统及抽真空后的系统）

液态充注法通过高压侧向系统灌注，过程如下：

①当系统抽完真空后，关闭歧管压力表的高、低压手柄阀；

②将歧管压力表中间黄色软管的一端与制冷剂罐注入阀的输出接头连接起来，如图2-1-7所示，打开制冷剂罐开启阀，再慢慢拧松歧管压力表一端黄色软管的螺母，让气体溢出数秒钟，即用制冷剂把软管内空气赶走，然后拧紧螺母。

③打开高压侧手柄阀至全开位置，把制冷剂罐倒立，如图2-1-8所示，制冷剂从高压侧注入。

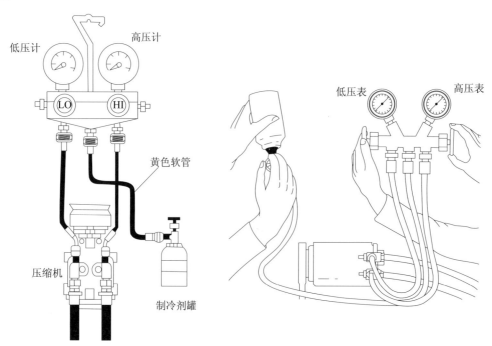

图2-1-7 黄色软管一端与制冷剂罐注入阀相连　　图2-1-8 充注制冷剂的压力表连接

④从高压侧向系统注入时，要特别注意：千万不能开动发动机，而且充注时不能拧开低压侧手柄阀。如果一罐不够，在换第二罐前要先关闭高压手柄阀，换上第二罐后，仍要排除中间黄色软管中的空气。如果高压不能注满系统，则启动发动机开启空调后，再从低压侧以气态形式补足。

（2）充注气态制冷剂（适合空的系统或部分空的系统补充加料）

气态充注法通过低压侧向系统灌注，过程如下：

①把歧管压力表与压缩机和制冷剂罐连接好；

②打开制冷剂罐，先排出中间黄色软管中的空气；

③打开低压阀，让制冷剂以气态形式进入系统。当系统的压力值达到4.2×10^5Pa时，关闭低压手柄阀。

以上步骤适合抽真空后空的系统，对于部分空的系统补充加料步骤如下：

①启动发动机并在其稳定运行后接通空调开关，把鼓风机风速开至最大，温度控制开关也开至最高温度。

②再打开低压手柄阀，让制冷剂继续进入系统，（注意：勿使低压表指针超过

280kPa）直到充注量达到规定值。此时，从检视窗中观察到的气泡也会逐渐消失。

③将发动机转速调到2000r/min，风机开到最高挡，在气温为30~35℃时，系统内低压侧压力应为$(1.6\sim2.1)\times10^5$Pa，高压侧压力应为$(14.7\sim17.7)\times10^5$Pa。

表2-1-2给出R134a系统高、低压力侧制冷剂温度与压力的关系。

表2-1-2 高低压侧温度与压力的关系

蒸发压力/kPa	蒸发器温度/℃	冷凝压力/kPa	冷凝器温度/℃
162.3	−3	787	35
172.2	−2	916	40
182.4	−1	1059	45
192.8	0	1217	50
203.6	1	1391	55
214.6	2	1581	60
226	3	1789	65
237.7	4	2023	68
249.6	5	2116	70

操作内容	制冷剂的泄放与加注	操作时限	15min
评价要求	1. 正确泄放制冷剂		
	2. 正确对空调系统进行抽真空		
	3. 正确添加冷冻油		
	4. 正确加注制冷剂（气态和液态）		
评分细则	A. 泄放制冷剂、抽真空、添加冷冻油和加注制冷剂（气态和液态）均正确无误		
	B. 操作错误小于2处		
	C. 操作错误小于4处		
	D. 超时或操作错误大于4处		
	E. 放弃		
得分			

1. "一罐敞开着的R134a制冷剂在室温下不会沸腾"这句话对吗？为什么？

2. R134a制冷剂如果溅到皮肤上会发生什么？

3. 为什么水分对空调系统是有害的？

4. 冷冻油的作用是什么？对它有什么要求？系统里放出的冷冻油还能继续使用吗？

5. 冷冻油在系统中是如何分布的？

6. 如果加热一小罐密闭罐R134a制冷剂，会发生什么？

任务2 制冷系统基本部件的结构检修

1. 了解空调制冷的基本工作原理及工作过程；
2. 认识汽车空调制冷系统的基本结构；
3. 学会检测制冷系统各部件的性能。

在炎热的夏天，当你坐进开着空调的汽车时，一下子感觉凉快了很多。你知道汽车空调是如何对车厢内进行制冷的吗？

知 识 准 备

一、制冷系统的基本原理

1. 物质的形态与热

自然界的任何物质都可以有三种存在形态——气态、液态和固态。

从水的存在形态可以得出，水在一定的条件下可以互相转化。例如：给固态的冰加热，冰会溶化成液态的水，如图2-2-1所示。这种固态转变成液态的过程被称为溶化，而反过来的过程被称为凝固。

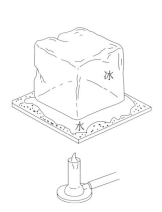

图2-2-1 冰加热溶化成水

图2-2-2 水加热成蒸气

又如给壶中的水加热，水温会升高，升高到100℃后再继续加热，水（液态）会变成蒸气（气态），如图2-2-2所示。水从液态变为气态的过程被称为汽化（蒸发）。

如果进行这种物态的逆过程，使100℃的水蒸气里放出一定热量，那么水蒸气就会冷凝成水。同样使0℃的水再冷却，水就凝固成冰。由此得出，流体从液态变到气态时要吸热；从气态变到液态时要放热。所以，物质在一定温度下如果吸热或放热，将引起自身形态的改变，也就是说，物质发生形态改变一定伴随着吸热或放热的物理过程，这就是汽车空调制冷最基本的原理。

2. 物质的汽化热

从水的加热过程可以看出，加热水时，水的温度会随着热量的增加而升高。当加热到100℃时，水的温度不再升高，而是从液态向气态转变。这说明加给水的热量一般有两种作用：一种是使水的温度升高，另一种是使水的状态发生变化。将使物质温度升高的热量称为显热；而将使物质状态发生改变的热量称为潜热。如果物质的状态是从液态变为气态，就将这种潜热称为汽化热。

例如1kg水沸腾开始汽化，到水完全汽化为止，所加入的热量约为2500kJ，这一热量就是水的汽化潜热。

3. 饱和状态与过热蒸气及过冷液体

（1）饱和状态

在一个具有一定压力的密封容器中，液体物质受热将蒸发汽化，同时气态物质又在与容器壁的不断碰撞中冷凝液化，当物质的蒸发速度与液化速度相等时，容器中液体与气体的质量都不再变化，这种气液两种状态达到动态平衡的状态称为饱和状态。处于饱和状态的蒸气，称为饱和蒸气；处于饱和状态的液体，称为饱和液体。在同一饱和状态下，饱和蒸气的温度与饱和液体的温度是相等的，称为饱和温度；饱和蒸气的压力与饱和液体的压力也是相等的，称为饱和压力。

给定物质某一饱和压力，对应有一定饱和温度，反之给定物质某一饱和温度，也对应有一定饱和压力。即物质的饱和压力与饱和温度有一一对应的关系。图2-2-3给出的两条曲线，就是R12与R134a的饱和蒸气压力曲线，处于曲线上的任一点状态，都是R12或R134a的饱和状态。液态工质只能在与其压力相对应的饱和温度下才能沸腾汽化，因此，液态物质在其压力下的饱和温度，也就是它在该压力下的沸点。同样，气态物质也只能在与其压力相对应的饱和温度下才能冷凝液化。

（2）过热蒸气与过冷液体

蒸气在某压力下的温度若高于该压力所对应的饱和温度时，这种蒸气就会成为过热蒸气，如图2-2-3曲线的右下区域。

液体在某压力下的温度若低于该压力所对应的饱和温度时，这种液体就成为过冷液体，如图2-2-3曲线的左上区域。

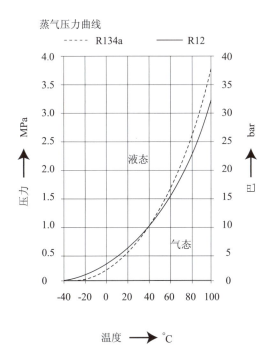

图2-2-3 R12与R134a的饱和蒸气压力曲线

二、压力

　　垂直作用于物体表面的力称为压力。物体单位面积上所受到的压力称为压强，在工程上习惯将压强称为压力，用符号p表示。

　　以往工程上常用的压力单位是kgf/cm^2，现已改用国际单位帕斯卡，简称帕，用Pa表示。它们之间的换算关系如下：

$$1kgf/cm^2 \approx 10^5 Pa$$

　　有时，Pa压力单位太小，常用kPa、MPa代替。并有：

$$1kPa = 10^3 Pa$$

$$1MPa = 10^6 Pa$$

　　为了运算方便，工程上还引入新的压力单位"巴"，用bar表示，并有：

$$1bar = 10^5 Pa \approx 1kgf/cm^2$$

三、汽车空调制冷系统的组成

　　汽车空调制冷系统主要由压缩机、冷凝器、蒸发器、节流元件与储液干燥器等组成。图2-2-4所示为制冷系统结构图。

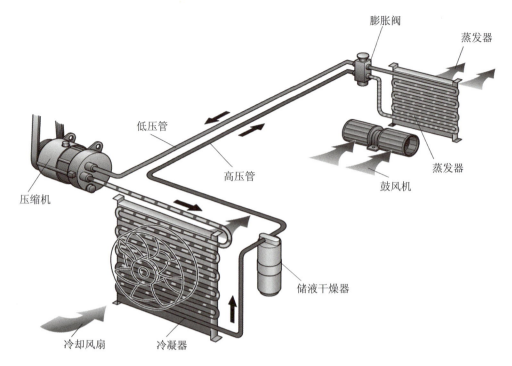

图2-2-4 空调制冷系统结构图

四、制冷系统的工作过程

蒸气压缩式制冷是利用液态制冷剂汽化吸热产生冷效应。从膨胀阀流出的低压低温液态制冷剂进入安装在车厢内的蒸发器，并在其中流动时，不断吸收鼓风机吹来车厢内空气中的热量而蒸发成低压低温的气态制冷剂；压缩机不断地抽吸这些带有更多热量的低压低温气态制冷剂，并压缩成高压高温的气态制冷剂后，进入安装在车厢外散热良好的冷凝器中，高压高温的气态制冷剂在冷凝器中边流动边受到汽车行驶时灌风的冷却，逐渐凝结成高压高温的液态制冷剂。高压高温的液态制冷剂继续流经储液干燥器，并经干燥过滤流向膨胀阀后，又恢复成低压低温的液态制冷剂，以便重新进入蒸发器吸热，这样就完成了一次制冷循环。

制冷剂在完成制冷循环的过程中从车厢内不断吸热，并经车厢外的冷凝器散发到车外的空气中，当这种散热的速度大于从外界传向车厢内热量的速度时，车厢内的温度就逐渐下降，这就是汽车空调的制冷过程。

五、制冷系统各部件结构

（一）压缩机

1. 压缩机的作用

压缩机被称为汽车空调制冷循环系统的心脏，它将低压低温的气态制冷剂压缩成高

温、高压状态而输出冷凝器，同时吸入蒸发器中低温、低压的气体制冷剂，并推动制冷剂在系统中循环流动。

2．压缩机的种类

汽车空调压缩机的种类见图2-2-5。

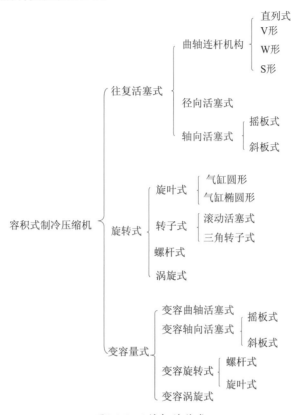

图2-2-5　压缩机的种类

汽车空调最常用压缩机主要形式有：曲轴连杆式压缩机、斜板式压缩机、斜盘式压缩机以及变排量压缩机等。

3．斜盘式压缩机

斜盘式压缩机的结构是往复式双向活塞结构（也称斜盘旋转式压缩机），如图2-2-6所示，其结构以斜盘为中心，在同一圆周上均布了三个或五个活塞、轴封、垫片等。

缸体两端都装有

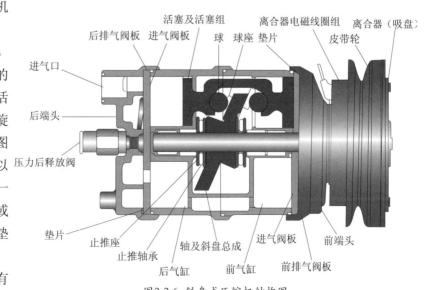

图2-2-6　斜盘式压缩机结构图

吸、排气阀及气缸盖，吸、排气阀结构与立式压缩机相似，阀片、阀板及高压限位板往往组成一体，称为阀体组件。如图2-2-7所示为高压阀板组件。

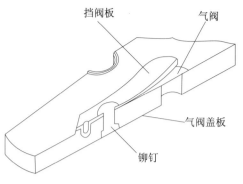

图2-2-7 高压阀板组件

斜盘式压缩机的工作原理是把装在主轴上的斜盘的回转运动变为双向活塞沿轴向的往复运动，如图2-2-8所示。当处于a图的位置时，前方活塞位于下止点而后方活塞位于上止点；当斜盘旋转90°为b图位置时，前方活塞在气缸中作压缩运动，后方活塞则在气缸中作进气作用；斜盘如再旋转90°成为c图位置时，前方活塞压缩到达上止点，而后方活塞在气缸中进气到达下止点；如斜盘再旋转180°时，则活塞在气缸中的位置又回到a图位置而完成一次进气及压缩循环。由于活塞两边都是气缸，其高低压室分别由连接管路连通，因而一个活塞起到双缸的作用，整个压缩机起到六缸或十缸的作用。

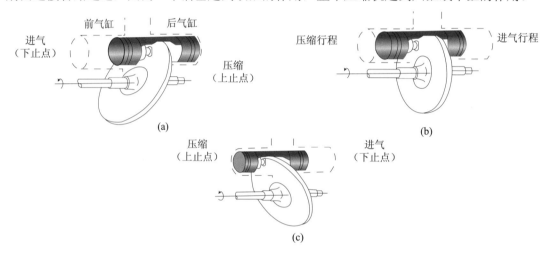

图2-2-8 斜盘式压缩机的工作原理

（1）斜盘式压缩机的优点：

①圆柱形卧式结构，便于在发动机上安装；

②往复式活塞结构，可靠性高；

③结构紧凑，容易实现小型和轻量化；

④噪声小；

⑤排气脉动小，工作较平稳。

（2）斜盘式压缩机的缺点：

①缸数多造成零件数多；

②装配复杂；

③轴向尺寸较大。

4．斜板式压缩机

斜板式压缩机又称单向斜盘式或摇摆式压缩机。

（1）斜板式压缩机的结构。斜板式压缩机是往复式单向活塞结构，如图2-2-9所示。压缩机将五个或七个气缸均匀分布在一周，活塞与安装在摇板（又称行星盘）上的球窝连接座里的连杆相连，摇板紧靠着安装在主轴一端斜板的斜面上，主轴另一端穿过前盖中心支承轴，由电磁离合器通过皮带经发动机带动。

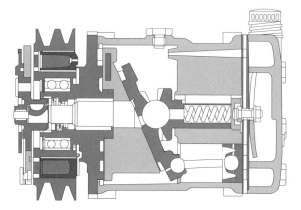

图2-2-9 斜板式压缩机结构示意图

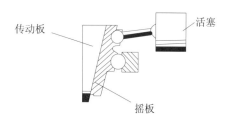

图2-2-10 斜板式压缩机的工作示意图

（2）斜板式压缩机的工作原理。斜板式压缩机的工作原理与斜盘式的类似，如图2-2-10所示，是将靠在主轴斜板上的摇板的摇摆运行变为单向活塞沿轴向的往复运行。

斜板式压缩机与斜盘压缩机相比，它的主要特点是零件数少，装配简单。但由于它装配的是单头活塞，故在排量相等的情况下，输出的制冷剂压力脉动较大。

5．斜盘式变排量压缩机

一般汽车空调系统的制冷量调节是通过膨胀阀或节流管与压缩机电磁离合器周期性的吸合、断开，以此使压缩机工作或停转来实现的。这两种方法工作平稳性差，压力波动大。变排量压缩机与这两种方法不同，是根据制冷负荷的变化，连续平滑地改变活塞排量实现系统制冷量的调节。这种调节方法排量变化平稳，排气压力波动及噪声小，且在高速时节能效果好。

（1）变排量压缩机的种类

变排量压缩机有机械式和电子式两种类型。

机械式变排量压缩机的特点是电磁离合器一工作就不会跳开。机械式变排量压缩机见图2-2-11所示。

电子式变排量压缩机的特点是没有电磁离合器，压缩机一直工作。电子式变排量压缩机见图2-2-12所示。

图2-2-11 机械式变排量压缩机

图2-2-12 电子式变排量压缩机

（2）斜盘式变排量压缩机的结构

图2-2-13所示为1985年由美国的DELPHI公司成功研制，并批量生产的V-5型可变排量压缩机。这种压缩机的斜盘与主轴间有一个可在主轴上滑动的轴套，主轴上装有驱动斜盘运动的驱动杆，驱动杆上开有弧形槽，斜盘与驱动杆通过长销轴，构成活动连接。当主轴旋转时，驱动杆的弧形槽带动长销轴再驱动摇板运动。摇板的防旋转机构也由防旋齿轮改成摇板导向销，相应地在摇板上有一个特殊的球形销孔以使导向销穿过。这样既可防止摇板旋转，又可使摇板相对主轴摆动。

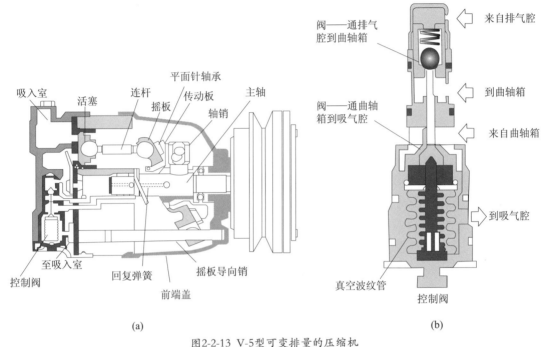

(a)   (b)

图2-2-13 V-5型可变排量的压缩机

（3）斜盘式变排量压缩机的工作原理

V-5型压缩机实现变排量的关键在于摇板和传动板与主轴的倾斜夹角可以在一定范围内改变，从而改变了活塞的行程与压缩机的排量。如图2-2-14所示。

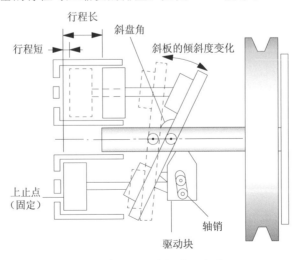

图2-2-14 变排量压缩机的工作原理

（4）变排量压缩机的工作过程

排量的改变是靠改变摇板箱的压力来实现的，由图2-2-13（a）可见，在压缩机后端盖内装有波纹管控制阀[图2-2-13（b）]，它有四个连接口分别通到吸气腔、曲轴箱与高压排气腔。控制阀内装有真空波纹管，如图2-2-15所示。

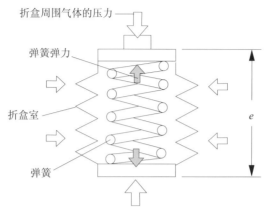

图2-2-15 真空波纹管

真空波纹管周围即为压缩机吸气压力p_s；当吸气压力偏高时，真空波纹管克服管内弹簧弹力p_a而缩短，从而使排气腔至曲轴箱之间的通道被弹簧作用下的球阀关闭，而曲轴箱至吸气腔的阀门则随着真空波纹管的向下收缩而打开，于是曲轴箱内的制冷剂气体流向吸气腔，导致曲轴箱内压力p_e下降，即活塞的背压下降；气缸内作用在活塞正面的制冷剂将导致摇板的倾角变大，即活塞行程加大，使压缩机排量加大；如图2-2-16所示。反之，当吸气腔低压压力低时，控制阀内真空波纹管膨胀伸长，使曲轴箱至吸气腔阀门关闭，而致使排气腔球阀被顶开，排气腔高压p_d气体流入曲轴箱，使曲轴箱内压力升高，摇板倾角变小，压缩机排量变小。如图2-2-17所示。

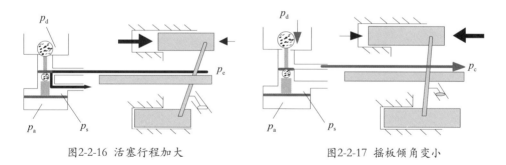

图2-2-16 活塞行程加大　　　　　　　　图2-2-17 摇板倾角变小

变排量压缩机的工作过程如图2-2-18所示。

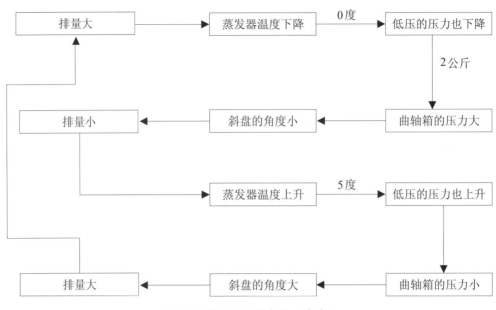

图2-2-18 变排量压缩机的工作过程

（二）冷凝器

1. 冷凝器的作用

冷凝器把来自压缩机的高温高压气体中的热量通过管壁和翅片传递给冷凝器外的空气，并使气态制冷剂冷却凝结成高温高压的液态制冷剂。

2. 冷凝器的结构形式

冷凝器主要由管和散热片两部分组成。根据管和片的具体结构、形状的不同，主要有管片式、管带式及平流式三种。

管片式是冷凝器传统的结构形式，如图2-2-19所示。由厚度为0.1～0.2mm的铝散热片套在圆管（铜管或铝管）上，用机械或液压的办法进行胀管，使散热片固定在管上，并与管壁紧贴，使热量能通过紧贴的管片传递。

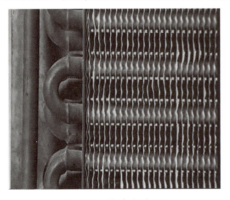

图2-2-19 管片式冷凝器

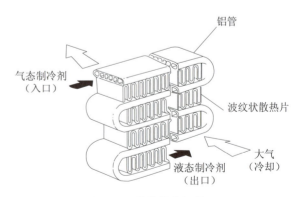

图2-2-20 管带式冷凝器

管带式冷凝器是由盘成蛇形的多孔扁管夹入波浪形散热翅片，放入专用钎焊炉中整体钎焊而成。扁管和翅片均为铝材。管带式的迎风面积大，因而传热效率高，一般来说，比管片式的传热效率高10%左右，如图2-2-20所示。

平流式冷凝器由管带式冷凝器演变而成，不同之处是扁管并不弯成盘带式，而是每根截断的，每端都有一根集流管。集流管是分段的，中间有隔片隔开，起到分流和汇流的作用，如图2-2-21所示。从图可见，每段的管子数不相等，进入冷凝器时制冷剂呈气态，管子数最多；随着制冷剂逐渐冷凝成液体，所占容积逐渐减小，管子数也相应减少。这种变通程的设计使冷凝器的有效容积得到最合理利用，

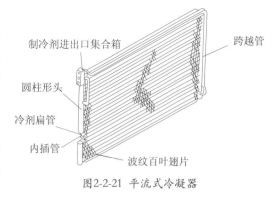

图2-2-21 平流式冷凝器

在同样迎风面积下，平流式结构比管带式的换热能力提高10%～30%，而制冷剂侧流动阻力则减到仅是蛇形管带式的20%～30%。

3. 冷凝器的正确维护与操作

（1）定期、定日或随时清除冷凝器前后外表灰尘、清除泥土。

（2）散热片倒伏或损坏，可用扁平钳把肋片扶正及修复。

（3）安装软管部分的突缘以及弯管处，为防锈涂料脱落需要及时重新涂刷，防止生锈穿孔。

（4）按规定使用100小时后，一般用目测检查外表情况是否异常。每季度必须用检漏仪检查制冷剂是否泄漏。

（三）膨胀阀

1. 膨胀阀的作用

膨胀阀的作用是对经过冷凝器冷却后的制冷剂进行节流降压，然后送到蒸发器进行蒸发、吸热。

2. 膨胀阀的种类

膨胀阀有F型和H型膨胀阀两种；F型膨胀阀有内平衡和外平衡膨胀阀两种，如图2-2-22所示。

3. 内平衡膨胀阀的组成与工作过程

图2-2-23所示为F型内平衡膨胀阀的结构剖面图，主要由阀针、膜片、过热弹簧、感温包、过滤网等组成。膨胀阀安装在蒸发器的进口管子上，它的感温包安装在蒸发器的出口管上，感温包通

图2-2-22 F型和H型膨胀阀

过毛细管与膨胀阀顶盖相连接，以传递蒸发器温度过热信号。

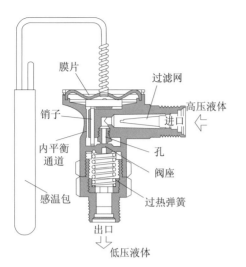

图2-2-23 F型内平衡膨胀阀结构剖面图

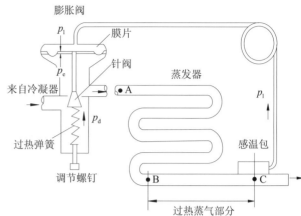

图2-2-24 内平衡膨胀阀工作过程

内平衡膨胀阀的工作过程如图2-2-24所示。在感温包内装入制冷装置所用的制冷剂，感温包固定在蒸发器的出口管路上，并用保温材料进行包扎，保证接触良好。当温度上升时，感温包内的压力也增大。增大了的压力作用在膜片上侧，在数值上大于蒸发器进口压力和弹簧压力的总和，于是针阀离开阀座，阀门开启，制冷剂流入蒸发器。

当针阀开启后，较多的制冷剂进入蒸发器，使蒸发器内压力上升，当气温降低后，膜片下侧压力增加，上侧压力降低，于是阀门关闭，从而自动调节制冷量。

4. 外平衡膨胀阀的组成与工作过程

图2-2-25所示为外平衡膨胀阀的结构图。它将内平衡膨胀阀内通往膜片下方的内平衡通道取消，而外加一根外平衡管，外平衡管的另一端接至蒸发器的尾管处，如图2-2-26所示。

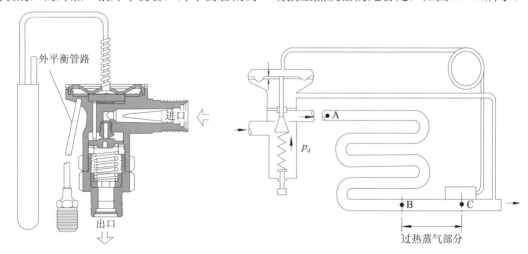

图2-2-25 F型外平衡膨胀阀结构剖面图   图2-2-26 外平衡膨胀阀的工作过程

制冷剂通过装在蒸发器出口上的外平衡管，把蒸发器出口端的压力作用于膨胀阀膜片下部。外平衡膨胀阀膜片下腔和蒸发器的出口相通，由于从蒸发器的入口流到出口存在流动阻力，因而引起压力下降，导致蒸发器进、出口温差大于2～8℃。而这种温差很重要，只要数值控制在合适的范围内，就不会有液体制冷剂离开蒸发器。

外平衡方式使膜片对过热度的调节更精确，蒸发器的容积利用率也更高。这对体积较大、蒸发管路较长的蒸发器更为有利。外平衡膨胀阀的缺点是多了一根外平衡管。

5. H型膨胀阀

H型膨胀阀是一种整体型膨胀阀，又称块阀，如图2-2-27所示。其原理与外平衡式F型膨胀阀相同。

H型膨胀阀取消了毛细管式感温包，而将感温包放在阀体内部，并设置在连接蒸发器出口管的内孔中，使流出蒸发器出口的制冷剂直接冲击感温包，感温更直接。这种结构有如下优点：

（1）感受信号的灵敏度高；

（2）过热度的调节精度高；

（3）取消了毛细管，提高了膨胀阀的抗振性能；

（4）静止过热度调整为外调式，便于系统匹配调试；

（5）块阀强度高，寿命长。

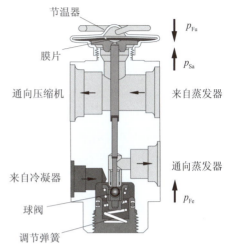

图2-2-27 H型膨胀阀

6. 节流膨胀管

热力膨胀阀是一种自动调节阀，它根据空气热负荷的变化，通过加大或减少液态制冷剂的流量来适应变化。而膜片的材料及固定的阀孔，使热力膨胀阀的自动调节的范围受到限制。

1974年，美国通用汽车公司首先在轿车制冷系统中使用新的制冷系统，即利用一根固定口径的节流管（图2-2-28）代替膨胀阀，来达到节流降压的目的。此种节流元件与电磁离合器的通断条件相配合的制冷系统称为CCOT系统（Cycling-Clutch Orifice Tube），简称孔管系统。

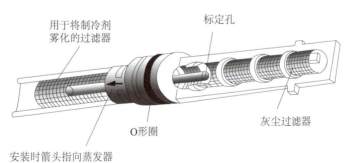

图2-2-28 节流膨胀管（孔管）

孔管是一根细铜管，装在一根塑料套管内；塑料套管外环形槽内装有密封圈。因塑料套管连同孔管一同插入蒸发器进口管中，密封圈就是用来密封塑料套管外径和蒸发器进口管内径间的配合间隙的。但孔管无法维修，坏了只能更换。

由于节流管没有运动部件，结构简单、成本低、可靠性高、节省能耗，在美国和日本的很多高级轿车都采用这种节流方式。但其缺点是制冷剂流量不能根据工况变化进行调节。

（四）蒸发器

1.蒸发器的作用

蒸发器的作用是使经过节流降压后的液态制冷剂在蒸发器内沸腾汽化，吸收蒸发器表面四周空气的热量而降温，鼓风机再将冷风吹到车厢内，达到降温的目的。

2.蒸发器的结构与类型

蒸发器芯子的结构主要有管片式、管带式和层叠式三种结构形式。

（1）管片式蒸发器。如图2-2-29所示，它由铜质或铝质圆管套上铝翅片组成，经胀管工艺使铝翅片与铜管紧密接触。其结构简单，加工方便，但热效率较低。

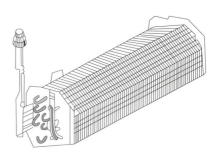

图2-2-29 管片式

（2）管带式蒸发器。如图2-2-30所示，管带式蒸发器由多孔扁管与蛇形散热铝带焊接而成，工艺比管片式复杂，需要采用双面复合铝材（表面覆一层0.02~0.09mm厚的焊药）及多孔扁管材料。该种蒸发器热效率比管片式高10%左右。

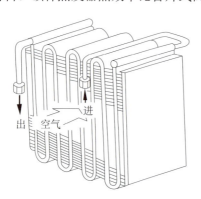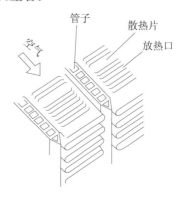

图2-2-30 管带式

（3）层叠式蒸发器。如图2-2-31所示，层叠式蒸发器由两片冲成复杂形状的铝板叠在一起组成致冷剂通道，每两片通道之间夹有蛇形散热铝带。这种蒸发器也需要双面复合铝材，且焊接要求高，因此，加工难度最大，换热效率也最高，结构也最紧凑。采用制冷剂R134a的汽车空调就采用这种层叠式蒸发器。

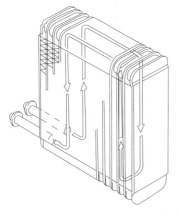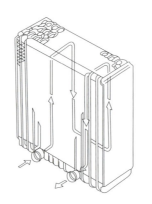

双储液室蒸发器（旧型）　　单储液室蒸发器（新型）

图2-2-31 层叠式

3.蒸发器的维护与操作

（1）定期清刷，一般要求每三个月用清水冲刷洗涤

和压缩空气吹除蒸发器表面的灰尘与污物。

（2）每隔三个季度应卸掉蒸发器上盖，对蒸发器内部进行清扫，但不能用热蒸气清除，否则会引起制冷剂压力上升，发生危险。

（3）泄漏检查。使用100小时后，用目测检查外观是否有渗漏现象。每季度由检漏仪检查是否有泄漏。

（五）储液干燥器

储液罐又称储液干燥器。它也是汽车空调区别于其他空调的主要部件。储液干燥器串联在冷凝器与膨胀阀之间的管路上，使从冷凝器中来的高压制冷剂液体经过滤、干燥后流向膨胀阀。在制冷系统中，它起到了储液、干燥和过滤的作用。

另外，在储液干燥器的顶部通常还设有视液观察玻璃窗，通过它可观察系统制冷剂的流动状况，并判定制冷剂量的多少及是否受到污染。

储液干燥器内装有铜丝布网制作的过滤器和干燥用的硅胶。在储液干燥过滤器壳体的顶部，还装有安全熔塞。它将低熔点的合金灌铸在熔塞的小孔中，若由于某种原因，使得高压侧压力骤然升高，温度也随之升高，制冷机有爆炸的可能性；当温度上升至100～105℃，或者压力超过2.04MPa时，可熔塞就会融化或被冲破，及时将制冷剂喷射到大气中去或储液器里，从而防止制冷系统被损坏。图2-2-32所示为储液干燥器的内部结构。

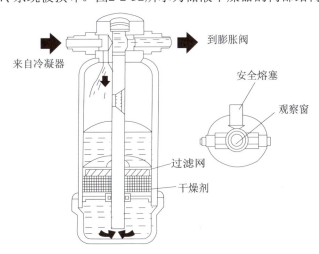

图2-2-32 储液干燥器内部结构

（六）积累器

孔管系统采用一种名为积累器的储液器，它安装在蒸发器与压缩机之间的管路上，又称液气分离器。

液气分离器的结构如图2-2-33所示，罐内除有干燥剂、过滤器之外，还有个U形出气管。出气管的吸入口在容器的顶部，一个塑料杯盖在上面，以改善气液分离的效果。U形出气管的底部有一个小孔，供冷冻油回流，积累器工作时，罐中大部分装的是气体，所以它的体积较储液罐大得多。由于孔管本身不能调节流量，在某些工况下，进入蒸发器内的制冷剂来不及蒸发会流向压缩机。为了防止液击，孔管制冷系统在压缩机之前的管路上安装了液气分离器，液气分离器同时也作为储存制冷剂变化流量的容器。

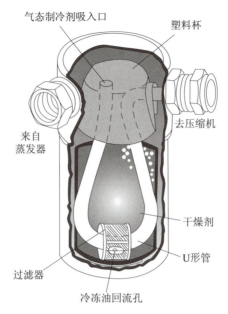

图2-2-33 液气分离器结构

制冷剂从顶部进入容器后，撞击塑料杯，未蒸发的液态制冷剂将沉入容器底部，而在顶部的气态制冷剂被引出管吸向压缩机，U形管底部的小孔，允许少量冷冻油流回压缩机，以保证压缩机工作时润滑的需要。此小孔也会有少量的制冷剂流回压缩机，由于在到达压缩机之前的低压管路中少量制冷剂会汽化，所以不会引起液击。

想一想:

1. 只要发动机一直工作，压缩机也就一直工作吗？
2. 汽车空调会不会随车速的变化而改变制冷效果？

认识汽车制冷系统的组成及各部件的拆装

一、目的与要求

1. 认识汽车制冷系统的各部件；
2. 了解汽车制冷系统的安装位置；
3. 学会拆装制冷系统各部件。

二、器材与设备

带有空调的汽车（或台架）；空调制冷系统的零部件若干；拆装的专用工具。

三、注意事项

1. 按照使用说明正确操作。

2. 必须使用空调压缩机维修的专用和套装工具，在断开蓄电池之前请注意操作说明中有关编码的提示；在连接蓄电池后必须注意，要按照维修手册或操作说明检查车辆装备（收音机、时钟、电动车窗升降机等）。

3. 在拆卸之前，用专用制冷剂回收仪回收系统中的制冷剂。

4. 内平衡膨胀阀应直立安装，不允许倒置。

5. 感温包要紧贴在蒸发器水平出口管的上表面，接触面要清洁，要包扎牢固，并用隔热防潮胶包好。

6. 如确定膨胀阀有脏堵故障，可从系统拆下，检查并清洗滤网，或进一步清洗阀孔内部或直接更换。

四、操作过程

1. 压缩机的拆装（以桑塔纳3000型空调为例）

（1）拆卸步骤

参考压缩机总成安装图，如图2-2-34所示。

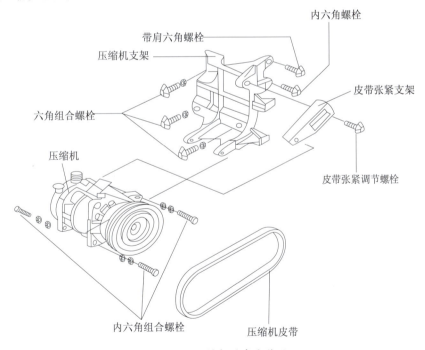

图2-2-34 压缩机总成安装图

①首先拆卸压缩机高压输出管，并封闭管口，防止异物侵入；再拆装压缩机低压输入管，并封闭管口。

②拔下电磁离合器线束插头。

③拆下空调压缩机皮带，如图2-2-35所示用8号内六角扳手，先旋松空调压缩机下方两个连接螺栓（箭头B），再用17套筒扳手，沿顺时针方向旋转皮带张紧调节螺栓（箭头A）

如图2-2-36所示，直至皮带放松。最后将皮带由带轮上向汽车前进方向脱出。

如更换皮带，应拆卸发动机前悬置。如仅拆空调压缩机，可不拆发动机前悬置。

安装皮带时，必须使离合器多楔皮带轮与发动机皮带轮的带槽处于同一平面内。

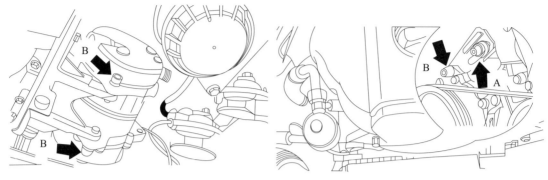

图2-2-35 旋松压缩机连接螺栓　　　　　图2-2-36 旋出皮带张紧调节螺栓

④将整车举升到适当高度。

⑤拆下空调压缩机固定螺栓（箭头B），取下空调压缩机。

（2）安装步骤

安装步骤与拆卸步骤相反，用专用扭力扳手以规定的力矩拧紧固定螺栓，更换压缩机高、低压连接管路的密封圈。

2. 冷凝器的拆装

（1）拆卸步骤

①先拆下蓄电池，再拆卸散热风扇，然后拆下散热器进、出水管，并拆下散热器。拆下后妥善放置，勿在散热管带上放重物或磕碰散热管带。

②桑塔纳3000型轿车冷凝器的安装如图2-2-37所示。

③首先拆下冷凝器至储液干燥器的管路，如图2-2-38中箭头所示。拆下后封闭管口，防止异物侵入。然后拆下压缩机至冷凝器的连接管口，拆下后封闭管口。最后拆卸前保险杠托架。

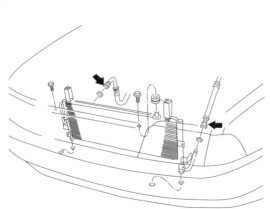

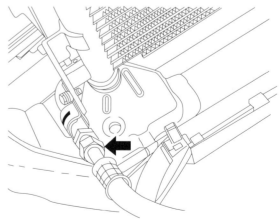

图2-2-37 桑塔纳3000型轿车冷凝器的安装图　　　图2-2-38 冷凝器至储液干燥器的管路

④如图2-2-39所示，旋出4个螺栓（箭头所示），从车身上拆下冷凝器。

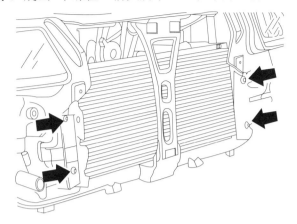

图2-2-39 冷凝器固定螺栓位置图

（2）安装步骤

安装步骤与拆卸步骤相反，安装前应充分清洗冷凝器，确保管路通畅，充分散热。

3. 蒸发器的拆装

（1）拆卸步骤

蒸发器的结构如图2-2-40所示。

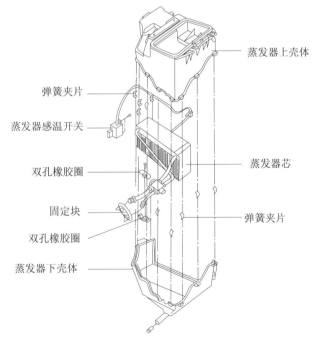

蒸发器上壳体

弹簧夹片

蒸发器感温开关

双孔橡胶圈

固定块

双孔橡胶圈

蒸发器下壳体

蒸发器芯

弹簧夹片

图2-2-40 蒸发器结构图

①在拆下蒸发器前先要拆下副驾驶侧储物箱、仪表板及进风罩。

②然后按图2-2-41所示先旋出紧固螺母（箭头A），拆下至压缩机的低压管口，并封住已拆卸管路的端口，以防异物侵入。

③再旋出紧固螺母（箭头B），拆下储液干燥器的高压管路端口，并封住已拆卸管路的端口。

④拆下图2-2-42箭头所示的连接螺栓。

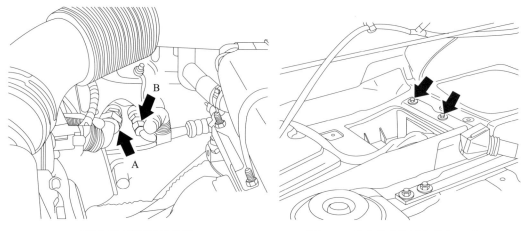

图2-2-41 蒸发器连接管 　　　　　图2-2-42 蒸发器连接螺栓拆卸示意图

⑤拔下图2-2-43所示感温管插头，然后小心取出蒸发器。

（2）安装步骤

蒸发器的安装步骤与拆卸步骤相反，但在安装时切勿将感温管扭曲或折叠。感温管的插入如图2-2-44所示，通过支架插入感温管，插入位置：$a=150mm$、$b=130mm$，插入深度：85mm。

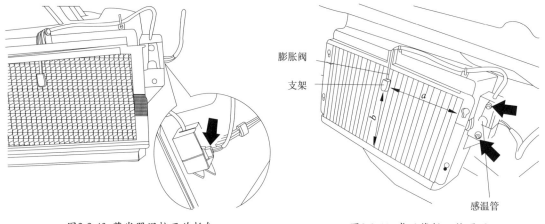

图2-2-43 蒸发器温控开关拆卸 　　　　　图2-2-44 感温管插入位置图

4. 膨胀阀的拆装

（1）拆卸步骤

拆卸膨胀阀之前首先要卸下蒸发器芯，因为膨胀阀安装在蒸发器的出入口，如图2-2-45所示。

当完成蒸发箱与蒸发器芯的分解任务后，可以拆卸膨胀阀，如图2-2-46所示，旋出螺栓（箭头A），拆下固定块，然后拆下蒸发器上的高、低软管（箭头B），最后从蒸发器上拆下膨胀阀（箭头C）。

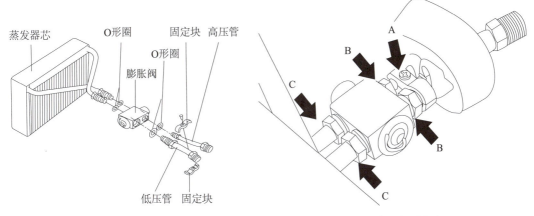

图2-2-45 桑塔纳3000型轿车膨胀阀位置图　　　图2-2-46 膨胀阀的拆卸图

（2）安装步骤

安装步骤与拆卸步骤相反。

任务评价

操作内容	认识汽车制冷系统的组成及各部件的拆装	操作时限	15min
评价要求	1. 正确拆装压缩机（以桑塔纳3000型空调为例）		
	2. 正确拆装冷凝器		
	3. 正确拆装膨胀阀		
	4. 正确拆装蒸发器		
评分细则	A. 认识汽车制冷系统的组成部分；拆装压缩机、冷凝器、膨胀阀和蒸发器均正确无误		
	B. 拆装方法、步骤错误小于2处		
	C. 拆装方法、步骤错误小于4处		
	D. 超时或拆装方法、步骤错误大于4处		
	E. 放弃		
得分			

练习与思考

1. 叙述水在由液态变成气态或者气态变成液态时，将和外界发生什么交换。

2. 热交换通常有哪几种方式？举例说明热交换正在我们周围的哪些物体中进行。

3. 什么热被称为显热？什么热被称为潜热？

4. 什么叫汽化与冷凝？物质汽化与冷凝时对周围会产生什么影响？

5. 什么叫饱和温度？什么叫过热蒸气与过冷液体？

6. 车用空调压缩机的作用是什么？

7. 车用空调压缩机主要有哪几种结构类型？它们各有什么特点？

8. 变排量压缩机与定排量压缩机相比主要有哪些优点？

9. 冷凝器的主要作用是什么？

10. 冷凝器主要有哪些结构形式？不同形式的冷凝器对比，它们各自的主要结构特点与优点有哪些？

11. 影响冷凝器冷凝效果的主要因素有哪些？

12. 汽车空调工作时，冷凝器表面温度是如何控制的？

13. 蒸发器的主要作用是什么？

14. 蒸发器主要有哪些结构形式？常用的蒸发器具有什么结构形式及优点？

15. 膨胀阀的作用是什么？

16. 内平衡膨胀阀与外平衡膨胀阀在结构与工作原理上有什么主要区别？

17. 叙述内平衡膨胀阀的工作过程。

18. H型膨胀阀与F型膨胀阀相比，主要有哪些优点？

19. 孔管系统与膨胀阀系统相比，在结构上主要有哪些区别？

任务3 制冷系统的使用与故障诊断

学习目标

1. 正确使用汽车空调；
2. 学会对汽车空调的制冷系统进行故障诊断与排除。

任务导入

当你打开空调时，发现空调不制冷，怎么办？

知识准备

一、制冷剂操作的安全常识

汽车空调维修操作的基本技能很重要，它是直接影响空调制冷系统性能的重要因素。在对系统进行操作之前，要先了解基本的安全常识。

制冷剂R134a在一般情况下是安全的。但是，如果操作不当，会造成冻伤，还会爆炸，并产生有毒气体。所以必须注意如下事项：

1. 防止冻伤

R134a在大气压力条件下，沸点是−26.5℃，R134a是高挥发性的物质，若接触到皮肤和眼睛，会产生冻伤，操作时容器不要靠近面部。万一碰到眼睛和皮肤，要立刻用大量冷水冲洗，并给皮肤表面涂上清洁的凡士林，然后速去就医。

2. 防止爆炸

R134a在大气里不会爆炸。但是贮存R134a的小罐容器，其耐压范围有限。当装有R134a的小罐容器的温度超过52℃时，罐中的制冷剂会因压力迅速升高而引发爆炸。所以贮存制冷剂的贮罐应远离热源，也必须避免被太阳直射太久。制冷剂罐的温度应保持在45℃以下。

3. 防止产生有毒气体

R134a在燃烧之后，可能会产生有毒气体；另外，在封闭的房间内，如果溢出大量的R134a气体，会使该室内氧气含量大大降低而造成窒息。所以，要注意以下几点：

（1）不要在有火焰的密闭室内使用制冷剂；

（2）修理汽车制冷系统时，要在通风良好的地方进行；

（3）制冷剂罐不能受到剧烈碰撞。

二、检漏

检漏是对汽车制冷系统的气密性检查，一般采用如下三种方法：加压试漏、充氟试漏与真空试漏。

1. 加压试漏

加压试漏时，将歧管压力表组按图2-3-1所示正确连接好。然后打开氮气瓶阀门，再打开歧管表的高、低压手柄阀，向系统中充入干燥氮气，压力一般应在$15×10^5$Pa左右。然后先关闭高、低压手柄阀，停止充气，再关闭氮气瓶阀。24h后压力应无明显下降。

并用肥皂水涂在系统各部件连接处进行检漏。

加压试漏的优点：较可靠；缺点：时间太长，在所有连接处涂肥皂水检查，工作量大。

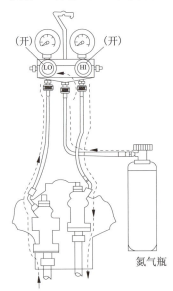

图2-3-1 加压试漏时歧管压力表组的连接

2. 充氟试漏

充氟试漏的连接如前图2-1-8所示，通过向系统充注制冷剂，使压力达到$3.5×10^5$Pa，然后用卤素灯检漏仪或电子检漏仪检漏。

重点检查以下部分：

（1）刚拆装或维修过的制冷部件连接处；

（2）压缩机上的轴封、密封垫与维修阀；

（3）冷凝器与蒸发器被划过的部位；

（4）软管易摩擦的部位；

（5）系统各个连接部位。

3. 真空试漏

抽真空检漏法前面已介绍。若系统内的气体抽不完或无法达到要求的真空度，说明系统有渗漏现象。

想一想：

1. 如何检查一辆汽车空调系统是否灌满制冷剂？

2. 当发现汽车空调一会儿制冷，一会儿又不制冷时，应首先考虑什么因素？

汽车空调系统常见故障的检查诊断

一、目的和要求

正确对汽车空调系统常见故障进行检查诊断。

二、器材准备

桑塔纳3000型空调系统汽车一辆；各种汽车空调维修基本操作工具。

三、操作步骤与注意事项

1. 系统运转时的检查

当汽车空调系统出现故障以后，应当对整个系统进行仔细的检查，虽然许多直观检查在前面的日常维护任务中已提到，但还需进行系统的运转检查。

在进行运转检查以前，先使系统运行5分钟左右。运转检查的主要内容如下：

（1）检查系统是否灌满

利用歧管压力表和系统观测窗来检查，如下：

①根据环境空气的温度和制冷系统的类型，高压边表压力的正常值应在1060～1889kPa范围内，见表2-3-1。

表2-3-1 高压压力与环境温度的关系

环境温度/℃	高压边的表压力/kPa
25～27	1060～1152.6
29～32	1317.6～1455.2
33～35	1491.2～1603.2
36～37	1641.9～1762.3
38～40	1803.9～1889.3
41～43	1933.1～2023.1

值得注意的是高压边的压力明显受环境或外界空气温度的影响。

②观测窗（如安装的话）内一般来说不应有气泡（在系统运行了几分钟以后）。注意：一个空系统的观察窗，看到的也是清晰而无气泡的；但由于怠速时压缩机的转速不可能十分稳定，所以通常每隔几秒偶尔出现一个气泡，这也是正常的。

桑塔纳轿车的观察窗安装在储液干燥器的顶部，如图2-3-2所示。

③同样，低压边根据空气的温度和制冷系统类型的不同，其表压力应在162～249kPa范

围内（见表2-3-2）。

图2-3-2 储液干燥器的观察窗

表2-3-2 低压压力与环境温度的关系

环境温度/℃	低压边的表压力/kPa
−8～−6	117.04～134.36
−5～−3	143.41～162.33
−2～0	172.21～192.82
1～3	203.57～225.98
4～6	237.65～261.95
7～9	274.59～300.88

不可能为一切类型的系统压力规定一个定值，因为控制设备和组成部分的类型会影响系统高压边和低压边的压力读数，因此允许系统压力有些偏差。

（2）检查系统高压边和低压边的温度

①系统高压边的温度从压缩机输出口到膨胀阀，应当由热变到温和。如果任何相邻之间的管路或部件在温度上有明显差别，就表示液体或气体在该点有局部阻塞。

②系统低压边摸上去应当是一样凉，吸热管路或低压边的维修阀上出汗不应过多，否则通常表明通过膨胀阀进入蒸发器的制冷剂过量。

低压边管路如果出现结霜，则可能在膨胀阀处存在阻塞情况。

（3）检查蒸发器的出口处是否吹出冷气

如果已经仔细地进行了上述各项检查，而且查明了各部件的工作正常，那么驾驶室内就会很快冷却。在空调系统运行10～20分钟后，使用温度计如图2-3-3所示，测出风口的温度，应在图2-3-4中的阴影范围内。

图2-3-3 检查蒸发器的出口处温度

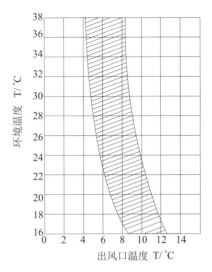

图2-3-4 出风口温度特性

2. 系统故障的诊断

汽车空调制冷系统的故障可概括为机械及安装、电器控制以及制冷管道系统等三大方面。

（1）机械及安装方面的故障诊断

机械及安装方面的故障，通常是指比较明显的，通过手摸或眼睛观察就能发现的故障，例如：压缩机皮带是否太松，电磁离合器或压缩机是否咬死，各部件安装是否有明显松动，各连接管路是否有明显机械损伤等等，这些有的在前面已提及。

（2）电方面的故障诊断

电方面的故障诊断，首先检查有关保险丝有否熔断，连接导线有否拆断或连接插件有否脱开，电磁离合器线圈或鼓风电机等有否烧毁等，这些故障通常较容易发现，只要仔细检查，再根据电路原理逐点检查，就能找到故障所在。

（3）制冷系统及管路方面的故障诊断

如果制冷系统存在故障，通常在系统上安装歧管压力表来进行故障诊断。

①系统工作正常时的压力显示

由于系统正常压力随环境温度和压缩机转速的不同而有所改变，所以要显示正常的压力一般都是有条件的。

例如：对于丰田汽车空调，当外界空气温度为30~35℃时，发动机转速为1500转/分；如把鼓风机速度置于高挡，温度控制置于最冷，气流置于内循环位置，此时系统的正常压力应为图2-3-5所示的指针范围内。

此时空调出风口的温度一般都能达到要求的低温状态。

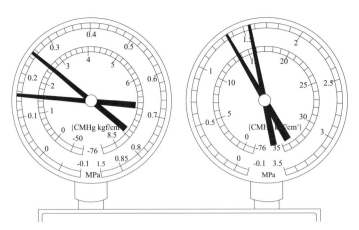

图2-3-5 系统正常时的压力显示

②系统有故障时的压力显示

如果系统压力不正常,通常有如下四种情况:

a. 低压边——读数低或真空,高压边——正常或读数低。

b. 低压边——读数正常或高,高压边——读数高。

c. 低压边——读数正常,高压边——读数正常,但系统冷却效果仍不好。

d. 低压边——读数高,高压边——读数低。

再结合观察窗中是否有气泡及气泡的状态,结合高低压表的显示,以及出风口的风量与温度等多种情况,通常可判断系统的故障。

③系统制冷剂不足时的压力显示

当感觉系统不充分制冷时,接上歧管压力表所显示的状况如图2-3-6所示。

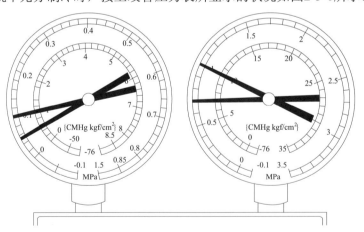

图2-3-6 制冷不足时的压力显示

此时,在观察窗中可连续见到气泡;这通常是系统缺少制冷剂引起的,在找出泄漏或其他原因后,经修理可再添加或重新灌注制冷剂。

④系统高、低压压力偏高时的压力显示

如果系统高、低压压力都偏高,如图2-3-7所示,通过观察窗见不到气泡,此时出风温度也不很冷。原因一般为制冷剂加注过多,使制冷系统不能有效发挥功能;或冷凝器由于

散热片堵塞或冷凝风机损坏而造成散热不良。而且当系统中混有水分时，也会出现高、低压压力都偏高的情况。

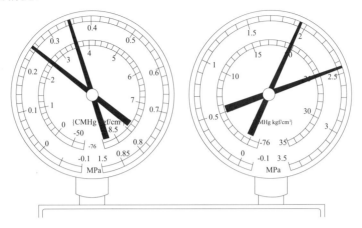

图2-3-7 高、低压压力偏高时的压力显示

⑤制冷剂循环不良时的压力显示

当系统的某个部件出现堵塞时，显然会出现不制冷的结果，此时伴有储液罐或膨胀阀后面的管路有结霜现象，并且接上歧管压力表显示如图2-3-8，高、低压端的压力都偏低；低压端压力经常见到真空状态，并且真空度随转速的变大而增高，此现象为制冷剂循环不良所致。

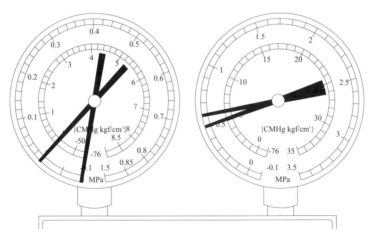

图2-3-8 制冷剂循环不良时的压力显示

故障的绝大多数原因是膨胀阀脏堵引起的。此时必须清洗或更换膨胀阀，最好也一起更换储液罐。

⑥系统中有水分时的压力显示

当出现周期性不制冷的情况，并伴有储液罐或膨胀阀后面的管路有周期性结霜现象；接上压力表显示：低压表时而正常，时而真空；高压表时而正常，时而偏低，如图2-3-9所示，这一般为系统含水分较多而造成储液罐或膨胀阀冰堵所致。

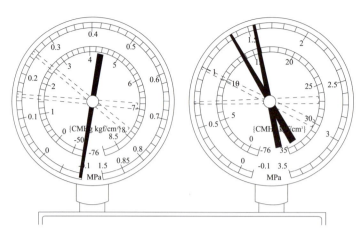

图2-3-9 系统中有水分时的压力显示

此时，必须更换储液干燥器，并反复抽真以排除系统中的水分后，才能加注制冷剂。

⑦压缩不充分时的压力显示

压缩效力降低，表现为低压侧压力过高，高压侧压力过低的现象，如图2-3-10所示，此时制冷效果基本消失。此故障是压缩机内部泄漏造成的，排除的方法就是更换压缩机。

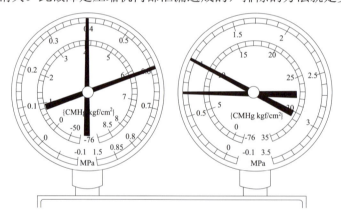

图2-3-10 压缩不充分时的压力显示

 任 务 评 价

操作内容	汽车空调系统常见故障的检查诊断	操作时限	15min
评价要求	1. 检查燃油、润滑油、冷却液、蓄电池（口述）		
	2. 正确使用检测仪器和工具		
	3. 正确诊断空调系统发生电路故障的部位		
	4. 正确排除故障并符合技术要求，正确叙述故障的部位及原因		
	5. 正确读出高低压力表的读数，熟知制冷系统工作过程		

评分细则	A. 诊断前检查水、油、电（或口述），熟练、正确使用检测仪器及工具，熟练、正确进行诊断及排除故障并正确叙述故障的部位及原因，正确读出当前高低压力值，了解制冷系统工作过程
	B. 操作方法、步骤错误小于2处
	C. 操作方法、步骤错误小于4处
	D. 超时或操作方法、步骤错误大于4处
	E. 放弃
得分	

练 习 与 思 考

1. 如何检查一辆汽车空调系统是否灌满制冷剂？

2. 汽车空调系统的故障包括哪些方面？

3. 如何利用岐管压力表诊断汽车空调制冷系统的故障？

4. 当汽车空调系统缺少制冷剂时，系统观察窗是如何显示的？

5. 当汽车空调系统由于某种原因发生阻塞时，通常最容易引起阻塞的部位在哪里？

6. 当汽车制冷系统发生阻塞时，高、低压表是如何显示的？

项 目 小 结

1. 汽车空调是对汽车座箱内的空气进行调节的装置。不管车外天气状况如何变化，它都能把车内空气的温度、湿度、流速、清洁度保持在车内人员感觉舒适的范围内。

2. 汽车空调制冷系统主要由压缩机、冷凝器、蒸发器、节流元件与储液干燥器等组成。

3. 我国车用空调使用的制冷剂主要有R12与R134a两种。

4. 制冷系统中的润滑油被称为冷冻油。汽车空调中，冷冻油具有润滑、冷却、密封的作用。

5. 如果液态制冷剂不小心触及人体，应立刻用清洁的冷水清洗，特别是眼睛，应至少冲洗十分钟，然后尽快到医院诊治。

6. 空调系统一经开放就必须抽真空，以清除可能进入空调系统的空气和水分。

7. 冷冻油的添加方法主要有直接加入法和真空吸入法两种。

8. 物质在一定温度下如果吸热或放热，将引起自身形态的改变，也就是说，物质发生形态改变一定伴随着吸热或放热的物理过程，这就是汽车空调制冷最基本的原理。

9. 制冷剂在完成制冷循环的过程中从车厢内不断吸热，并经车厢外的冷凝器散发到车外的空气中，当这种散热的速度大于从外界传向车厢内的热量的速度时，车厢内的温度就逐渐下降，这就是汽车空调的制冷过程。

10. 压缩机被称为汽车空调制冷循环系统的心脏，它将低压低温的气态制冷剂压缩成高温、高压状态而输出冷凝器，同时吸入蒸发器中低温、低压的气体制冷剂。并推动制冷剂在系统中循环流动。

11. 汽车空调最常用压缩机主要形式有：曲轴连杆式压缩机、斜板式压缩机、斜盘式压缩机以及变排量压缩机等。

12. 冷凝器把来自压缩机的高温高压气体中的热量通过管壁和翅片传递给冷凝器外的空气，并使气态制冷剂冷却凝结成高温高压的液态制冷剂。

13. 冷凝器主要由管和散热片两部分组成。根据管和片的具体结构、形状的不同，主要有管片式、管带式及平流式三种。

14. 膨胀阀的作用是对经过冷凝器冷却后的制冷剂进行节流降压，然后送到蒸发器进行蒸发、吸热。

15. 膨胀阀有F型和H型膨胀阀两种；F型膨胀阀有内平衡和外平衡膨胀阀两种。

16. 蒸发器的作用是使经过节流降压后的液态制冷剂在蒸发器内沸腾汽化，吸收蒸发器表面周围空气的热量而降温，鼓风机再将冷风吹到车厢内，达到降温的目的。

17. 蒸发器芯子的结构主要有管片式、管带式和层叠式三种结构形式。

18. 储液罐又称储液干燥器。它也是汽车空调区别于其他空调的主要部件。储液干燥器串联在冷凝器与膨胀阀之间的管路上，使从冷凝器中来的高压制冷剂液体经过滤、干燥后流向膨胀阀。在制冷系统中，它起到了储液、干燥和过滤的作用。

项目三　汽车空调的控制系统

项目概述

　　汽车空调的控制系统是汽车空调的重要组成部分，用于控制空调系统的正常工作。汽车空调的控制系统分为手动控制、半自动控制和全自动控制系统三大类。现在，越来越多的汽车装备了自动空调，其结构采用了电子控制系统，控制功能得到进一步完善。本项目主要介绍汽车空调电气控制系统和汽车自动空调的结构组成、原理及检测。

汽车空调电气控制系统的检测

学习目标

1. 了解汽车空调电气控制系统的构成、工作原理；
2. 学会检测汽车空调电气控制系统。

任务导入

发动机起动后，只要打开空调开关，鼓风机与空调冷却风扇就会自动工作，小李感觉很奇怪，很想弄明白其中的原因。

知识准备

一、汽车空调的电气控制系统

1. 鼓风机的控制

鼓风机是汽车空调系统管路中空气流动的动力源，其作用是：鼓动车内空气流经蒸发器芯或暖风芯，并从规定的出风口流出，实现制冷或取暖时空气内循环；吸入车外新鲜空气至车厢内，实现空气外循环及乘客舱通风。其安装位置如图3-1-1所示。

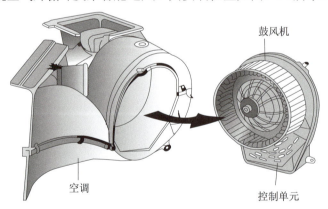

图3-1-1 鼓风机

鼓风机是一种由直流电动机驱动的离心式风扇，它必须能通过改变转速以满足不同的需求。对于普通汽车空调系统，鼓风机的转速调节通常是通过在鼓风机电路中串入不同阻值的电阻，改变流入电动机的电流大小来实现，采用开关控制，实现多个转速挡，如图3-1-2所示。如果将电阻模块去掉，改为电子控制，则可通过占空比控制，无级调节施加在

鼓风机电动机线圈上的平均电压大小，实现鼓风机的无级调速。奥迪A6轿车的鼓风机转速就采用了无级控制调节。

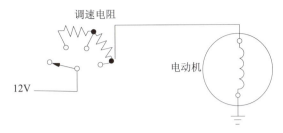

图3-1-2 鼓风机调速电路图

由于鼓风机要满足取暖、通风、制冷等不同工况的要求，所以只要点火开关接通，就可对鼓风机进行操作。当要求制冷时，为了防止蒸发器结霜，通常在制冷系统工作时，鼓风机必须同步或提前工作。桑塔纳轿车的鼓风机在空调开关合上后，就能自动进入低速运转。

2. 冷凝器冷却风扇的控制

冷却风扇是帮助汽车空调冷凝器散热的电器设备，有的还同时担负着冷却发动机散热器的任务，其工作可能受到汽车空调和发动机水温的双重控制。

根据空调和散热器工况的需要，冷却风扇通常有两种工作转速，即高速挡和低速挡。图3-1-3所示为桑塔纳冷却风扇的控制电路，冷凝器与散热器共用同一组风扇，因此它受发动机水温与空调工作的双重控制。

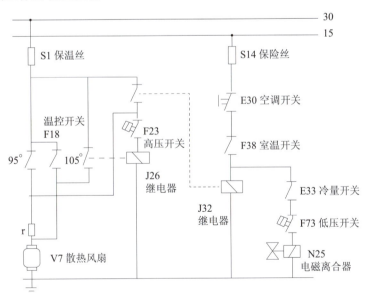

图3-1-3 桑塔纳冷却风扇的控制电路

3. 压缩机电磁离合器的控制

电磁离合器是发动机皮带驱动空调压缩机工作的动力传输装置，通过接通与断开电路来控制压缩机的工作。定排量空调压缩机都装有电磁离合器，而变排量空调压缩机有的装备了电磁离合器，有的则没有，例如奥迪A6轿车就取消了电磁离合器，其排量调节采用一个占空比控制的调节阀N280来实现。

电磁离合器除了受空调开关的控制外，还受到空调工况及发动机工况的控制，它是汽车空调制冷系统的最终执行元件，安装在压缩机的前端主轴上。

电磁离合器的结构如图3-1-4所示，主要由作为主动元件的皮带盘、从动元件吸盘和电磁线圈组成。

电磁离合器的工作原理如下：

（1）皮带盘通过空调驱动皮带由发动机曲轴带轮驱动，只要发动机运转，皮带盘就运转。

图3-1-4 电磁离合器的结构

（2）空调制冷系统不工作时，离合器吸盘与驱动带轮之间保持微小间隙A，此时驱动皮带盘空转，而离合器吸盘不转，即离合器分离，与离合器吸盘连在一起的空调压缩机轴也不转，空调压缩机不工作，如图3-1-5（a）所示。

（3）当启动制冷系统时，离合器电磁线圈通电产生磁场，磁化驱动皮带盘产生电磁吸力将吸盘与自身紧紧地吸合在一起，即离合器接合，此时空调压缩机开始工作。工作过程如图3-1-5（b）所示。

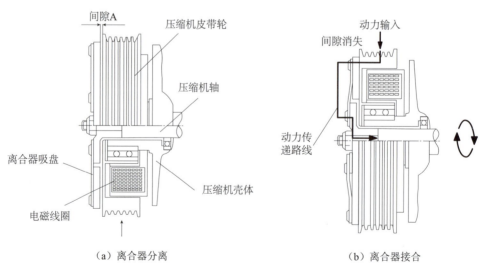

（a）离合器分离　　　　　　　　　　　　（b）离合器接合

图3-1-5 电磁离合器的工作原理图

4. 管路压力控制

汽车空调在工作的时候，如果出现冷凝器散热片堵塞或发动机温度较高等现象，可能造成制冷系统的温度和压力不断升高，会使系统的管路、电磁离合器线圈等受到损坏。另

外，如果系统泄漏，不但制冷效果会下降，如遇到泄漏严重而不采取措施，还会造成压缩机的损坏。所以，汽车空调系统都设有压力控制与保护的元件，有的采用压力开关，有的采用压力传感器，一旦制冷系统的温度和压力异常，即切断压缩机电磁离合器电路，防止系统管路或压缩机损坏。

（1）高压开关

汽车空调在使用过程中，当出现高压系统堵塞、冷凝器散热片堵塞、冷凝风扇不转或制冷剂加注过量等不正常状况时，系统压力会过高，只好采用高压开关或压力传感器来感应。

高压开关或压力传感器通常安装在制冷系统高压一侧的管路或部件上，图3-1-6所示为高压开关的外形结构。

图3-1-6 高压开关

高压开关通常有两个作用：

一是在系统工作时，系统高压上升到某一设定值，高压开关内触点闭合，接通冷却风扇高速挡电路，使冷却风扇高速旋转而加快散热。此种用途的高压开关触点是常开触点，也称高压调节开关。

另一个作用是极限高压保护，即系统高压由于某种原因而上升到系统允许的最大极限值时，高压开关内触点断开，切断压缩机电磁离合器电路，防止系统管路或压缩机损坏。此种用途的高压开关触点是常闭触点，也称高压保护开关。

（2）低压开关

低压开关通常也安装在制冷系统高压一侧的管路或部件上如图3-1-7（a）所示，也有安装在制冷系统低压一侧的管路或部件上，如图3-1-7（b）所示。

低压开关的作用也有两种：

一是系统制冷剂严重泄漏时，如果仍开启空调运行将会引起压缩机润滑不良而遭受损坏。为此在系统管路中设有低压压力保护开关，它的压力控制值一般设为0.2MPa，当系统管路内制冷剂的压力小于所设定的控制值时，开关内触点断开，切断压缩机电磁离合器的电流通路，压缩机停转，也因此得以保护。此类低压开关的触点在制冷系统正常工作时都为常闭型。

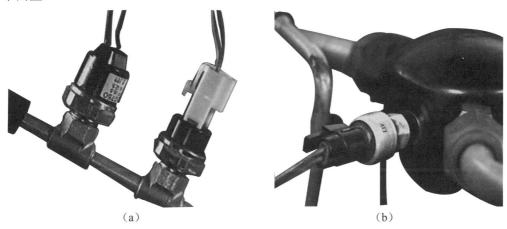

（a）   （b）

图3-1-7 低压开关

另一种低压开关仅装在系统的低压管路中。它的作用是代替温控开关，即利用制冷剂的温度与压力的一一对应关系，设定好控制温度的上、下限所对应的压力值，以此来控制电磁离合器电流的通断，进而控制蒸发器表面的温度。

（3）三位压力保护开关

将上述高、低压保护开关合做在一个总成内，就形成了三位压力保护开关，外形如图3-1-8所示。通常安装在高压回路中。如上海桑塔纳2000型和3000型轿车、南京依维柯客车等。

三位压力保护开关的电路如图3-1-9所示，三位压力保护开关一般安装在储液干燥器上，感受制冷剂高压回路的压力信号。

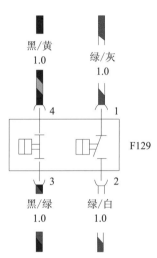

图3-1-8　三位压力保护开关　　　　　图3-1-9　三位压力保护开关电路原理

三位压力开关的工作过程分析如下：

①当制冷剂压力≤0.196MPa时，图3-1-9中F129的3、4端之间触点断开，切断通往压缩机电磁离合器的控制电流，压缩机停转，防止因系统制冷剂泄漏而损坏压缩机，实现了低压保护。

②当制冷剂压力达到0.2MPa以上时，F129的3、4端之间触点接通，压缩机正常运转。

③当制冷剂压力达到3.14MPa以上时，F129的3、4端之间的触点又断开，压缩机停转，实现了高压保护。即当系统内制冷剂出现异常高压时，触点断开以保护系统不受损坏。

④当制冷剂压力大于1.77MPa时，F129的1、2端之间的触点闭合，以接通冷凝风扇高速挡电路，风扇以高速运行，实现中压保护。当压力降至1.37MPa时，F129的1、2端之间触点又断开，冷凝风扇又以低速运转，以节省动力并实现低噪音。

（4）高压泄压阀

高压泄压阀是一种制冷系统的高压保护元件，一般安装在压缩机后盖上的高压侧，是一个弹簧加载的压力阀，如图3-1-10所示。高压泄压阀的作用是：当系统高压侧温度和压力异常升高时，泄压阀打开，用制冷剂释放的办法来保护系统不受损坏。

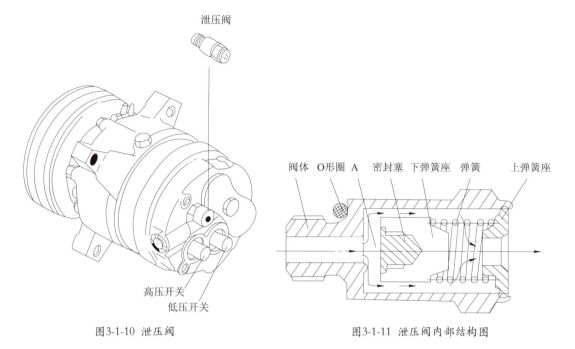

图3-1-10 泄压阀　　　　　　　　　　　图3-1-11 泄压阀内部结构图

其内部结构如图3-1-11所示，当压缩机内高压压力异常升高时（例如：以R134a为制冷剂，压力升至3.65MPa），弹簧被压缩，阀被打开，制冷剂被释放出来，压缩机高压立刻下降，当压力下降至0.30MPa左右时，弹簧又立刻将密封塞推向阀体A面，将阀关闭。

5. 温度控制

为了有效地控制汽车空调出风口的空气温度，即既保证蒸发器表面不结霜不结冰，又保证达到最高的制冷效率，必须对系统内的制冷剂流量与压力加以调节与控制。这些控制调节，除依靠系统本身的电磁离合器、膨胀阀等元件外，还需要一些专门的温控元件。蒸发器温控开关，又称防霜开关，其作用是控制压缩机在给定的蒸发温度范围内工作，防止蒸发器结霜结冰。目前，蒸发器常用的温控元件有波纹管式（恒温开关）与热敏电阻式两种。

一种是用波纹管式（恒温开关）直接控制压缩机电磁离合器，此开关安装在蒸发器壳体侧面。其感温头插入蒸发器散热片中，感温头内封装制冷剂，同时有一毛细管通向感温包，靠感温包的热胀冷缩来控制其触点开闭，从而控制压缩机在给定的蒸发温度范围内工作，防止蒸发器结霜结冰。开关的工作范围为－1.5℃～+1.5℃断开，高于1.5℃则闭合。这种开关常见于桑塔纳和奥迪100轿车。另一种是用热敏电阻，将热敏电阻安装在蒸发器的表面，当蒸发器表面的温度低于某一设定值时，热敏电阻的阻值变化给空调ECU发出低温信号，空调ECU控制继电器切断压缩机电磁离合器电路，使压缩机停转，控制蒸发器温度不低于0℃。

（1）波纹管式温控开关

波纹管式温控开关的外形如图3-1-12所示，结构示意如图3-1-13所示。

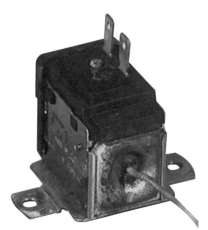

图3-1-12 波纹管式温控开关

图3-1-13 波纹管式温控开关结构示意图

控制开关上有一毛细管接到感温筒上，筒内充有制冷剂。毛细管的另一端通至波纹管。波纹管与可摆动的作用臂连接，作用臂的下端固定在框架上，并绕框架上的固定螺钉摆动；作用臂上端有活动触点，并通过与固定触点的接通或切断来控制流向压缩机电磁离合器的电流。

波纹管式温控开关工作的时候，其感温筒插在蒸发器管路的散热片之间感应蒸发器表面的温度。如果蒸发器表面温度上升，则感温筒内的制冷剂膨胀，通过毛细管的连接使波纹管伸长，由图3-1-13可见，波纹管右端被固定在框架上，左端克服弹簧的压力，推动作用臂左摆，使触点闭合，压缩机电磁离合器线圈通电，制冷系统工作；当蒸发器表面温度下降时，感温筒内的制冷剂收缩，致使波纹管收缩并带动作用臂右摆，使触点分开并切断通往压缩机电磁离合器的电流，制冷系统停止工作。感温筒安装到蒸发器芯内规定的部位，如图3-1-14所示。

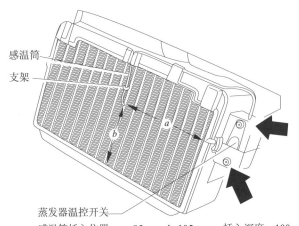

蒸发器温控开关

感温筒插入位置：a=85mm b=105mm 插入深度：100mm

图3-1-14 感温筒安装到蒸发器芯内规定的部位

（2）热敏电阻式温控开关

热敏电阻式温控开关的几种外形如图3-1-15所示，其控制示意图如图3-1-16所示。

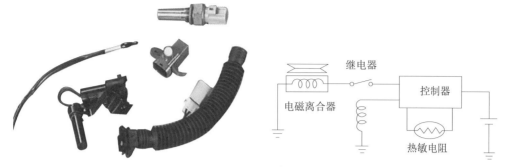

图3-1-15 热敏电阻温控开关的外形图　　　　图3-1-16 热敏电阻温控开关控制示意图

热敏电阻温控开关通常安装在蒸发器出风一侧（图3-1-17），感应出风侧的空气温度，使电阻随温度变化而变化，并将信号传送至控制器，再由控制器操纵继电器来实现电磁离合器电流的接通或切断。

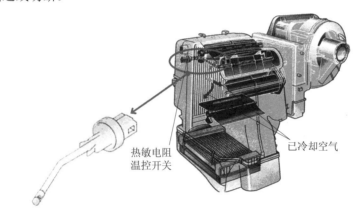

图3-1-17 安装在蒸发器出风一侧的热敏电阻温控开关

温控开关还可以通过温度调整钮来调节弹簧的预紧力，改变控制温度，通常温控开关的触点在蒸发器表面温度下降到0～1℃时分开，回升到5～6℃时再闭合。电磁离合器周期的结合分离，蒸发器表面温度被控制在调整旋钮所调节的范围内。

蒸发器温度的控制方法：控制蒸发器温度是汽车空调温度控制的最基本任务。当汽车空调系统连续工作时，蒸发器表面温度会逐渐降低，空气中被析出的水分凝结，使蒸发器表面结霜，直至结冰，以至阻塞空气的流通，无法进行热交换。为了防止蒸发器表面结霜、结冰，一种经济、有效的方法就是控制制冷剂的循环。又由于制冷剂的温度与压力有一一对应的关系，所以控制蒸发器温度，防止表面结霜有两种办法，即直接用温控开关控制蒸发器表面的温度和通过控制制冷剂蒸发压力来控制蒸发器表面的温度，两者都是靠改变制冷剂循环量来实现的。

非独立式汽车空调中，控制制冷剂循环量有三种形式：离合器-热力膨胀阀系统（CCTXV系统）、离合器-孔管系统（CCOT系统）和蒸发压力控制系统。

二、汽车空调的其他控制措施

1. 水温控制开关

空调水温控制开关一般为双金属片结构，安装在发动机冷却液管路上（桑塔纳2000轿车此开关安装在缸盖后端水温传感器下方），串联在压缩机电磁离合器电路中。

空调制冷系统工作时，增加了发动机的工作负荷，因此水温会升高。当水温高于120℃（大众车系设计温度）时，温控开关断开，空调压缩机停转，以防止发动机过热。

2. 环境温度开关

当环境温度过低时，压缩机内冷冻油黏度较大，流动性较差，润滑不良，如此时启动压缩机，会加大压缩机的磨损甚至损坏压缩机。汽车空调使用手册要求，在冬季不用制冷期间，要定期启动空调制冷系统，使制冷剂能带动冷冻油进行短时间的循环，以保证压缩机以及管路连接部位和阀类零件的密封元件不因缺油而干裂损坏，膨胀阀等不因缺油而卡死失灵。这项保养工作应在环境温度高于4℃时进行，低于4℃时不宜启动压缩机。

环境温度开关串联在压缩机电磁离合器电路中，或连接到空调控制器中，当环境温度高于设定值10℃左右时，环境温度开关的触点闭合，压缩机可以正常工作；当环境温度低于设定值，触点断开，直接断开或通过空调控制器断开电磁离合器的电路，压缩机不能正常工作。图3-1-18所示为桑塔纳2000环境温度开关安装位置。

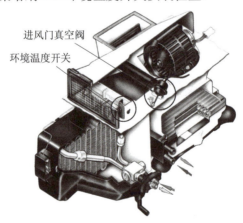

进风门真空阀

环境温度开关

图3-1-18 桑塔纳2000环境温度开关安装位置

3. 怠速控制装置

在非独立式汽车空调制冷系统中，压缩机由发动机驱动，压缩机的运行必然会影响发动机的动力性能，尤其在发动机怠速或汽车低速行驶时，此时开启空调会引起下列不良情况：

（1）怠速不稳，甚至熄火。

（2）发动机过热。因非独立式制冷系统的冷凝器通常安装在发动机冷却水散热器前面，冷凝器的散热必然影响冷却水散热器的散热，因此，发动机易过热。

（3）发动机处于怠速时，发电机的发电量不高，而制冷系统还要消耗大量电能，增大用电负荷，会直接影响其他用电设备的正常工作。

（4）此时空调冷凝器散热不良，会使其内部制冷剂压力和温度异常升高，压缩机功耗

迅速增大，造成空调制冷效果差，甚至会导致系统因压力过高而造成损坏。

为实现汽车运行与空调运行的统一协调，必须增加发动机怠速提升装置或功能。在发动机怠速时，打开空调会增加发动机的负荷，此时需要提高怠速转速，这样既能保证有足够的动力维持制冷系统的工作，又能保证发动机自身正常运转。关闭空调时，发动机的负荷下降，控制措施则相反。

在电控燃油喷射系统中，发动机的怠速由发动机电脑控制。当空调系统启动时，ECU控制怠速控制阀增大旁通道开度或控制节气门电机直接增大节气门开度，增大进气量，提高发动机怠速。关闭空调时，情况则相反。

4．加速切断控制装置

汽车在加速或超车时，发动机需要输出大功率，如果启动空调，会分流发动机功率，降低汽车的加速性能，同时还可能使压缩机超速损坏。加速切断装置的作用是在汽车加速或超车时暂时切断压缩机电磁离合器电路，提高汽车的加速性能，同时保护压缩机。桑塔纳2000GSi轿车的加速切断装置属于电脑控制式，电脑根据节气门位置传感器和曲轴位置传感器的信号感知当前是急加速状态时，短暂切断压缩机电磁离合器电路几秒钟，以实现加速切断控制，而此时冷凝器风扇和鼓风机的运行状态不变。

5．冷凝器风扇控制

现在很多冷却系统采用电动风扇冷却，同时，空调制冷系统的冷凝器也依靠同一风扇进行冷却。当冷却液温度较低时，冷却风扇不工作；冷却液温度升高到某一规定值时，风扇低速运转；如果温度进一步升高到另一个设定值时，风扇则高速运转。空调制冷系统开始工作时，不管冷却液温度高或低，冷却风扇都会低速运转给冷凝器散热；如果制冷系统压力高过一定值时，冷却风扇则以高速运转，增大散热能力。

想一想：

1. 空调压缩机电磁离合器的间隙应如何调节？
2. 开空调时，直接接通A/C开关。这种操作正确吗？

汽车空调电气控制系统的检测

一、目的与要求

1.认识汽车空调电气控制系统的各部件；
2.了解汽车空调电气控制系统的安装位置；
3.学会检测汽车空调电气控制系统。

二、器材与设备

带有空调的汽车或台架；万用表、检测工具。

三、注意事项

1. 按照使用说明正确操作；

2. 注意检测步骤。

四、操作过程

汽车空调电气控制系统由温度控制、速度控制、压力控制、风机控制等控制线路联合组成。在分析电路工作原理时，只要了解电路的控制过程，就能进行全面的检测。

图3-1-19所示为上海桑塔纳（LX、GX、GX5型）轿车手动空调系统电路图。电路主要由电源电路、电磁离合器控制电路、鼓风机控制电路和冷凝器冷却风扇控制电路等主要电路组成。

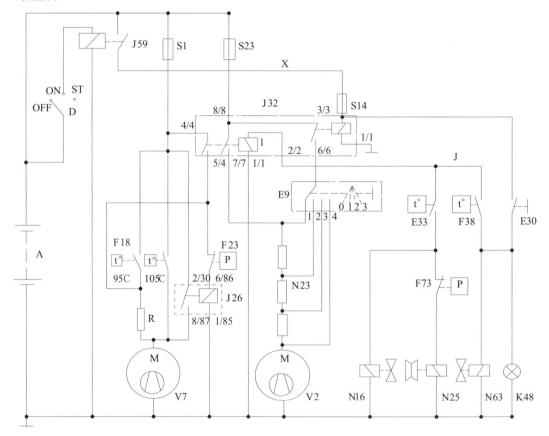

图3-1-19 上海桑塔纳空调系统电路

A—蓄电池 D—点火开关 J59—减荷继电器 S1、S14、S23—熔断丝 J32—空调继电器 E9—鼓风机开关 E33—蒸发器温控器 F38—环境温度开关 E30—空调A/C开关 F18—冷凝器冷却风扇温控开关 F23—高压开关（15bar） J26—冷凝器冷却风扇继电器 N23—鼓风机调速电阻 F73—低压开关（2bar） V7—冷凝器冷却风扇电机 V2—鼓风机电机 N16—怠速提升电磁阀 N25—电磁离合器 N63—新鲜空气翻板电磁阀 K48—空调A/C开关指示灯

电源电路由蓄电池A、点火开关D、减荷继电器J59以及熔断丝S1、S14、S23和空调主继电器J32组成。当点火开关D断开（OFF挡）或启动（ST挡）时，减荷继电器不通电，触

点断开而使空调系统的供电线路"X"号线无电，空调无法启动运行。当点火开关D接通（即处于ON挡）时，减荷继电器通电，触点闭合，"X"号线通电，这时主继电器J32中的2号继电器经熔断丝S14得电使触点闭合，接通了鼓风机电机V2的供电回路，鼓风机便可在鼓风机开关E9控制下运转，进行强制通风换气或送出暖气，它不受空调A/C开关E30的限制。鼓风机开关E9在不同的挡位时，鼓风机电机V2的供电回路串入的调速电阻个数也不同，从而可得到不同的送风速度。鼓风机电机V2的供电回路为：蓄电池"＋"极→熔断丝S23→主继电器J32中的2号继电器触点→鼓风机开关E9→鼓风机调速电阻N23→鼓风机电机V2→搭铁→蓄电池"－"极。

夏季需要获得冷气时必须接通空调A/C开关E30，电流从蓄电池"＋"极→减荷继电器J59的触点→熔断丝S14→空调A/C开关E30，经E30后分为三路，第一路经空调A/C指示灯K48构成回路，指示灯K48亮表示空调A/C开关接通；第二路经新鲜空气翻板电磁阀N63构成回路，使该阀动作以接通新鲜空气翻板真空促动器的真空通路而使鼓风机强制通过蒸发器总成的空气通道进风，否则将无法获得冷气；第三路经环境温度开关F38后又分为两路，一路到蒸发器温控器E33，由E33控制电磁离合器N25和怠速提升电磁真空转换阀N16的供电，只有当蒸发器温度高于调定温度时，蒸发器温控器E30触点才接通，电磁离合器电路接通吸合，压缩机才能运转制冷，同时，电磁真空转换阀N16动作而使发动机以较高转速运转以有足够的动力驱动压缩机的工作。如蒸发器温度低于调定温度，温控器E33触点断开，压缩机将停止运转，同时电磁真空转换阀N16断电，怠速提升装置起不了作用。低压开关F73串联在蒸发器温控器E33和电磁离合器N25之间的电路上，当制冷系统严重缺乏制冷剂而使系统高压侧压力低于0.2MPa时，低压开关F73触点断开，压缩机将无法运转。经过环境温度开关F38后的另一路电流则进入主继电器J32中的1号继电器后形成回路，使其两对触点吸合，其中一对触点用于控制冷凝器冷却风扇继电器J26，另一对触点则用于控制鼓风机电机V2。高压开关F23串联在继电器J26和主继电器J32中1号继电器的前一对触点之间，当制冷系统高压侧压力低于1.5MPa时，高压开关F23触点断开，电阻只串联在冷凝器冷却风扇电机V7的供电回路中，冷却风扇V7低速运转。当制冷系统高压侧压力高于1.5MPa时，高压开关F23触点接通，使得继电器在J26通电触点吸合，电阻只被短接，这时冷却风扇V7高速运转以加强冷凝器和发动机的冷却强度。主继电器J32中1号继电器还控制鼓风机的一对触点，当空调A/C开关一接通即闭合，这时如鼓风机开关E9没有接通鼓风机电路，鼓风机V2也将由该对触点获得电流而低速旋转，以防止接通空调A/C开关后忘记接通鼓风机开关而造成因没有空气流过蒸发器使蒸发器表面温度过低而结冰或冻坏的现象。因此，在接通空调A/C开关之前，应首先接通鼓风机开关。

减荷继电器J59的作用是当点火开关在启动挡（ST挡）时，中断空调系统等附属电器的工作，以保证发动机起动时有足够的电流，当起动结束后将自动接通空调系统的工作。

现代轿车对舒适度要求很高，导致汽车空调系统复杂化，目前已发展为把制冷、采暖和通风合为一体，并统一由车厢温度控制器操纵。

操作内容	汽车空调电气控制系统的检测	操作时限	15min
评价要求	1. 识读电气控制的电路图及控制过程		
	2. 正确使用检测仪器和工具		
	3. 正确检测空调电气控制系统发生电路故障的部位		
	4. 正确排除故障并符合技术要求，正确叙述故障的部位及原因		
评分细则	A. 熟练、正确使用检测仪器及工具，熟练、正确进行电气控制系统故障检测，并正确叙述故障的部位及原因		
	B. 操作方法、步骤错误小于2处		
	C. 操作方法、步骤错误小于4处		
	D. 超时或操作方法、步骤错误大于4处		
	E. 放弃		
得分			

练习与思考

1. 汽车空调的电气控制主要包括对哪些方面的控制？
2. 汽车空调一般采用什么方法改变鼓风机的转速？
3. 冷凝风扇在汽车上工作时主要受哪些参数控制？
4. 根据图3-1-3所示的桑塔纳冷却风扇的控制电路，分析其工作原理。

任务2 汽车自动空调的使用及故障诊断

1. 了解汽车自动空调系统的构成与特点;
2. 学会正确使用与检测汽车自动空调系统。

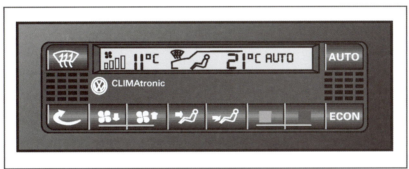

你认识上图吗? 会操作它吗?

一、概述

　　汽车空调控制系统按控制功能可分为手动空调和自动空调。手动控制的空调系统只能按驾驶员所设定的温度、鼓风机转速和工作模式去运转,压缩机的通与断的变化只按驾驶员所设定的温度去动作,如图3-2-1所示为新帕萨特手动空调控制面板。它不能依据车内外温度的变化对冷气负荷、鼓风机转速和各风门位置作出任何修正动作。在汽车实际运行中,太阳辐射、乘客热量、发动机余热等因素都能引起车内温度发生变化,因此要求现代汽车空调能予以自动修正控制。

　　为了省去手动空调频繁调节的麻烦,许多汽车采用自动控制空调器。它能根据驾驶员所设定的温度不断检测车内车外温度、太阳辐射等参数,自动调节鼓风机转速、进气模式、出风模式、压缩机运行,使车内温度保持在设定范围内,获得良好的舒适性。

　　目前,自动调节的汽车空调有两种:电控气动控制系统和微型计算机控制系统。自动空调控制系统由控制面板、配气系统和电子控制系统三部分组成。配气系统与手动空调相似,不同的是各风门的位置变化不是由拉索机构操纵,一般采用真空操纵机构控制或伺服电机控制。图3-2-2所示为新帕萨特双温区自动空调控制面板。

图3-2-1 新帕萨特手动空调控制面板

图3-2-2 新帕萨特双温区自动空调控制面板

1. 自动空调的类型

自动空调系统分半自动空调系统和自动空调系统两类，两者主要差别在于所采用的执行机构的形式、传感器数量和控制功能的不同。自动空调可以根据车内外环境变化自动维持车内目标温度不变，并自动控制风扇转速、出风模式和内外循环模式。半自动空调仅温度调节是由电脑控制伺服电机来驱动温度风门实现的，手动设定空调面板上的温度数值后，空调电脑就会通过电机的工作和压缩机的负载来控制出风温度，但是出风模式、风扇转速、内外循环模式都还需手动调节。因此，半自动空调仅具有自动空调的部分功能。

全自动空调系统的电控部分由传感器、电脑控制单元以及执行元件组成。传感器作为信息采集装置，将制冷、车内外温度及其他有关信息输入到电脑控制单元中。电脑控制单元将获得的信息进行分析、处理，经"模/数"转换后以数字形式向执行装置发出控制信号，对车内的温度、湿度及空气的流通按照设定要求进行调节。调节的结果被传感器反馈到电脑控制单元进行比较、分析、处理，然后再次传递到执行装置，如此进行反复调节，直到达到设定的要求为止。

半自动空调工作时，通过预设温度与室内温度相比较来调节蒸发器内部冷热混合风门的角度，来达到按一定比例混合冷热空气的目的。同时，在出风管道内也装有风道温度传感器来确认风道的温度。半自动空调工作时，如果觉得太冷或太热，不需要关闭制冷压缩机或关闭鼓风机，只需调整温度开关，就可以达到室内恒温的效果。

2. 自动空调系统的功能

自动控制的汽车空调系统在手动控制的基础上，增设了一系列检测车内外温度变化的传感器，还增设了太阳辐射传感器。而执行器的结构与驱动方式也由钢丝拉索驱动变成伺服电机驱动，利用计算机控制鼓风机转速、进出风方式、出风口的温度与压缩机电磁离合器的通断，实现更人性化的综合控制，使汽车空调变得更舒适、更环保、更节能，如图3-2-3所示。

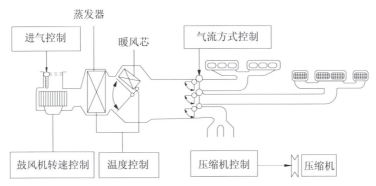

图3-2-3 全自动汽车空调的控制功能图

（1）鼓风机转速控制

①自动控制。空调电脑根据室内温度、环境温度、设定温度等，控制鼓风机的转速。一般来说，室内温度与设定温度之差越大，鼓风机的转速就越高。比如室内温度40℃，鼓风机工作电压为12V（高速）；室内温度为25℃，鼓风机的工作电压为7V（低速）。

②极速控制。有些车型，在设定温度处于最低18℃或最高32℃时，鼓风机的转速会固定处于高速转动。

③启动控制。鼓风机在启动时，工作电流会比稳定工作时大很多，为了防止烧坏鼓风机控制模块，不论鼓风机目标转速多少，在鼓风机起动时都为低速运转，然后才逐步升高，直到达到理想的转速，整个过程大约花费5秒时间。

④时滞控制。夏天，如果车辆长时间停放在炎热的太阳下，若马上打开鼓风机，此时吹出来的是热风而不是想要的冷风。因此，鼓风机不能马上工作，必须滞后一段时间再工作。

⑤车速补偿控制。在高速时，鼓风机的转速可适当降低，以补偿散热的影响，使之与低速时具有相同的感觉。

⑥预热控制。冬天，车辆长时间停放后，若马上打开鼓风机，此时吹出的是冷风而不是想要的暖风。因此，鼓风机要在水温升高后，才能逐步转向正常工作。

（2）温度控制

空调电脑根据室内温度、环境温度、设定温度自动调节混合门的位置。一般来说，室内温度越高，环境温度越高，阳光越强，混合门就处于越"冷"的位置。一般情况下，若车内温度为35℃，混合门处于最冷位置；若车内温度为25℃，混合门处于50%的位置。

（3）进气控制

①手动模式。在手动模式中，进气门只有两种位置：内循环和外循环。

②自动模式。在自动模式中，很多车型进气门有三种位置：内循环、20%新鲜空气、外循环。有些车系的进气门位置还受车速的影响。当车速低于10km/h时，进气门强制处于内循环位置；当车速高于20km/h时，进气门处于自动模式。空调电脑根据室内温度、环境温度、设定温度，自动调节进气门的位置。若车内温度为35℃，进气门则处于内循环位置；若车内温度为30℃，进气门则处于20%新鲜空气；若车内温度处于25℃，进气门处于外循环位置。

（4）模式门控制

①手动模式。在手动模式中，模式门有五种位置：仪表板出风口、双层、脚部出风口、脚部出风口/除雾、除雾。

②自动模式。在自动模式中，模式门一般只有三种位置：仪表板出风口、脚部出风口和双层。空调电脑根据室内温度环境温度设定温度，自动调节模式门位置。若车内温度为30℃，模式门处于仪表板出风口位置；若车内温度处于20℃时，模式门处于双层位置；若车内温度处于15℃时，模式门处于脚部出风口位置。

（5）压缩机控制

①基本控制。空调电脑根据室内温度、环境温度、设定温度自动决定压缩机是否工作。

②低温保护。一般车型，当环境温度低于某值（3℃或8℃）时，压缩机不工作。

③高速控制。当发动机转速超过某转速时，压缩机会停止工作以保护压缩机。

④加速切断。当发动机处于急加速工况时，为了提供足够的动力，压缩机会暂时停止工作。

⑤高温控制。当发动机水温超过某值（109℃）时，压缩机会停止工作以防发动机水温进一步升高。

⑥打滑保护。有些车型的发动机外围只有一根皮带，若压缩机被卡死会造成皮带负荷过大而断裂，会使水泵、发电机等无法工作。因此，皮带打滑时，压缩机是不能工作的。

⑦低速控制。当发动机转速低于某转速（600r/min）时，为了防止发动机失速，压缩机不工作。

⑧低压保护。压缩机在系统没有制冷剂的条件下工作会造成损坏，因此，当系统压力低于某值（500kPa）时，压缩机不工作。

⑨高压保护。当系统压力超过某值（2800kPa）时，压缩机继续工作会使空调系统瘫痪，因为压缩机在系统高压下不工作。

3. 自动空调系统的优点

（1）通过对出风量、出风温度的精确控制与微量调节极大地提高了空调整体的舒适性和运行的经济性。

（2）给定温度、控制温度、控制方式和运行方式的数字显示极大地提高了汽车空调的实用性、美观性。

（3）计算机控制的自我诊断功能给维修带来便利。

二、汽车自动空调的组成与工作原理

1. 组成

汽车自动空调的组成总体上与手动空调相同，也由四部分组成。

（1）制冷循环系统。主要有循环离合器控制系统和蒸发压力控制系统两大类型，其中压缩机大都采用变排量压缩机。

（2）取暖系统。中小型车都为水暖余热式。

（3）配气系统。空气输配箱各风门的执行驱动机构都采用带位置反馈的电动机驱动。

（4）操纵与控制系统。主要是一套电控系统，由输入信号、空调电脑和输出信号（执行元件）三部分组成（图3-2-4），其中电脑常与控制面板连成一体。传感器输入信号有三种：驾驶室控制面板设定的温度信号和功能选择信号；车内温度传感器、车外温度传感器、阳光传感器等各种传感器输入的信号；各风门的位置反馈信号。

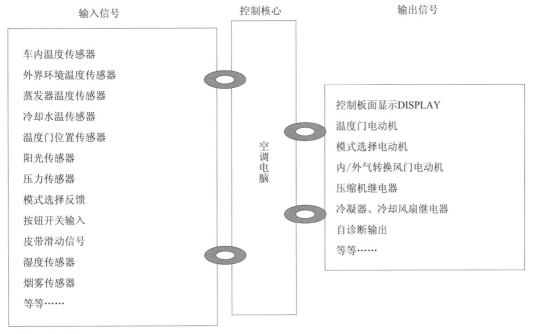

图3-2-4 自动空调控制系统的组成

2. 基本工作原理

电脑根据控制面板输入信号、外界温度和车内温度传感器的输入信号，计算出需要的暖气与冷气数量，以此确定混合风门开度、气流分送模式和鼓风机转速。

为了使进入车厢内的气流温度恰当地混合，电脑监测外界和车内温度、制冷剂管路温度或压力、发动机冷却液温度、执行器反馈电位计等信号。命令执行器把气流混合门放到适当位置，以此修正进入空气的温度。

鼓风机转速由程序和驾驶员输入所需温度值的组合而定。

三、自动空调的输入元件

1. 车内温度传感器

车内温度传感器是自动空调的重要传感器之一。它能影响出风口空气的温度、出风口的风量、模式门的位置、进气门的位置。车内温度传感器的具体作用如下：

（1）确定混合门的位置，从而决定了出风口的空气温度。车内温度传感器指示的车内温度越高，混合门就越朝"冷"的方向移动，出风口的温度就越低；反之，车内温度传感器指示的车内温度越低，混合门就越朝"热"的方向移动，出风口的温度就越高。

（2）确定鼓风机的转速，从而决定了车内的空气温度。在制冷工况，车内温度传感器指示的车内温度越高，鼓风机的转速就越高；反之，车内温度传感器指示的车内温度越低，鼓风机的转速就越低。在取暖工况，车内温度传感器指示的车内温度越高，鼓风机的转速就越低；反之，车内温度传感器指示的车内温度越低，鼓风机的转速就越高。

（3）确定进气门的位置，从而影响到车内空气的温度与新鲜度。在制冷工况，特别是在刚开始制冷（车内空气温度高）时，一般进气门都处于内循环位置，随着时间的推移，车内空气温度下降，根据不同的环境温度，进气门可以处于20%新鲜空气的位置或新鲜空气的位置。

（4）确定模式门的位置。车内温度越高，出风口温度越低，鼓风机转速越高，进气门应为内循环。

车内温度传感器包括仪表板出风口温度传感器和脚部出风口温度传感器等。仪表板出风口温度传感器的作用是控制温度风门的位置和新鲜空气鼓风机的转速，当它失效时，空调电脑会采用替代值，以使空调继续工作。不同车型的替代值不同，例如帕萨特领驭轿车采用24℃。脚部出风口温度传感器的作用是电脑根据此出风口的温度控制除霜器和脚部空间的气流分配，并控制新鲜空气鼓风机的转速。帕萨特领驭轿车失效时的替代值采用80℃。

车内温度传感器的安装位置和实物，如图3-2-5、3-2-6所示。

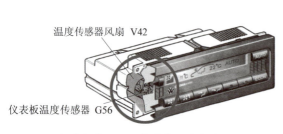
温度传感器风扇 V42
仪表板温度传感器 G56

图3-2-5 仪表板出风口温度传感器的安装位置　　　　图3-2-6 脚部出风口温度传感器实物

为了准确且及时地测量当前的车内平均温度，系统会把车内空气强制不断流向车内温度传感器。按强制导向车内温度传感器的气流方式的不同，可分为两种：

①吸气器型车内温度传感器（图3-2-7）；

②电动机型车内温度传感器（图3-2-8）。

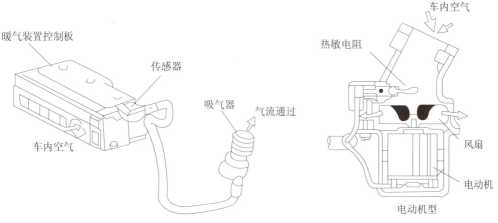

图3-2-7 吸气器型车内温度传感器　　　　图3-2-8 电动机型车内温度传感器

车内温度传感器强制通风装置的组成及工作原理：电动机型车内温度传感器是由电动机带动一个小风扇，风扇工作产生吸力，使车内空气流过传感器。吸气器型车内温度传感器中，有一根抽风管连接车内温度传感器与空调的管道，与空调管道连接处有文杜里效应装置，鼓风机工作，空气快速流过就会产生负压，这样，就有少量空气流过车内温度传感器，如图3-2-9所示。

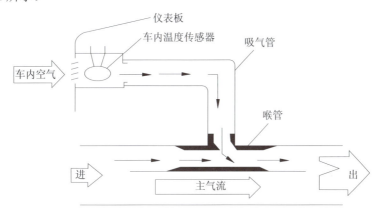

图3-2-9 吸气器型车内温度传感器示意图

车内温度传感器的特性：自动空调系统所采用的车内温度传感器一般采用负温度变化系数的热敏电阻。随着温度的升高，热敏电阻的阻值减小；随着温度的降低，热敏电阻的阻值增大。

2. 车外温度传感器

车外温度传感器也称环境温度传感器、外界空气温度传感器、大气温度传感器。

（1）车外温度传感器的作用

①确定混合门的位置，从而决定了出风口的空气温度。车外温度传感器指示的车外温度越高，混合门就越朝"冷"的方向移动，出风口的温度就越低；反之，车外温度传感器指示的车外温度越低，混合门就越朝"热"的方向移动，出风口的温度就越高。

②确定鼓风机的转速，从而决定了车外的空气温度。在制冷工况，车外温度传感器指

示的车外温度越高，鼓风机的转速就越高；反之，车外温度传感器指示的车外温度越低，鼓风机的转速就越低。在取暖工况下，鼓风机的转速较低。

③确定进气门的位置，从而影响到车内空气的温度与新鲜度。在制冷工况下，车外温度传感器指示的车外温度越高，一般进气门都处于内循环位置；随着时间的推移，车内空气温度的下降，进气门可以处于20%新鲜空气的位置或新鲜空气的位置。

④确定模式门的位置。

⑤控制压缩机。自动空调在环境温度低于某值（2℃）时，压缩机就不工作。

（2）传感器类型

自动空调一般有两个结构相同但外观不一样的车外温度传感器。一个安装在前保险杠内或水箱之前，称为车外温度传感器，如图3-2-10所示。另一个装在鼓风机前方新鲜空气入口处，称为新鲜空气进气通道温度传感器，如图3-2-11所示。

如果两个车外温度传感器中有一个失效，则以另一个传感器测量值为准；若两个都出现故障，空调电脑就会启用替代值。如两个传感器的偏差大于3℃，则表明传感器有故障，应更换。

（a）实物图

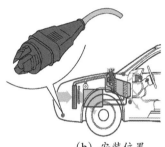

（b）安装位置

图3-2-10 车外温度传感器

（a）实物图

（b）安装位置

图3-2-11 新鲜空气进气通道温度传感器

（3）车外温度传感器的防假输入措施

由于车外温度传感器一般都是安装在前保险杠内或水箱之前，极易受到环境（水箱温度、前面车辆的排气等）影响，因此，车外温度传感器包在一个注塑料树脂壳内，以免对环境温度的突然变化做出反应。这将使其能准确地检测到车外的平均气温。除此之外，有些车型在空调电脑内部有防假输入电路，不同车型的防假输入电路是不同的。上海别克汽车空调的防假输入如下：

外表空气温度传感器位于车辆前减震器下面的前护栅部位。HAVC控制器用该传感器接收环境温度信息。根据该信息，暖风通风空调控制盖向驾驶员提供外界空气温度数字显示。若外界温度增加，所显示的温度只有在如下条件下才能随之增高。

①车辆以大于32km/h的速度行驶约2min。

②车辆以大于72km/h的速度行驶约1min。

这些限制有助于防止错误读数。若所显示的温度下降，外界温度显示将立即更新。若车辆已熄火超过3h，车辆起动时，将显示当前外界温度。若车辆熄火不足3h，车辆再起动时，将恢复车辆上次操作时的温度。

3. 阳光传感器

阳光传感器用来测量阳光的强弱，修正温度混合风门的位置与鼓风机的转速的位置。阳光传感器一般安装在仪表台的上面，靠近前挡风玻璃的底部，如图3-2-12所示为阳光传感器的外形及安装位置图。

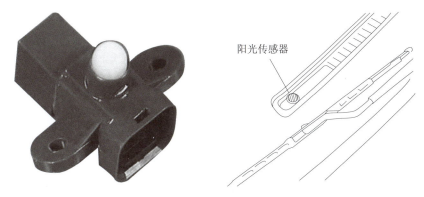

图3-2-12 阳光传感器的外形及安装位置图

阳光传感器常见为光敏电阻式或光电二极管式，阳光越强，电阻越小，混合门移向"冷"侧，鼓风机转速加大；阳光越弱，电阻越大，混合门移向"热"侧，鼓风机转速减小。

阳光传感器的工作原理：阳光通过一个滤色片和光学元件照射在光电二极管上。滤色片的作用就如一副墨镜，它可以防止阳光损坏光电二极管。光电二极管是一个光敏半导体元件。当没有阳光照射在二极管上时，只有很少量的电流能够流入它；当有阳光照射在二极管上时，流入的电流量增加，照射的阳光越强，电流就越大。对控制单元来说，电流增加表示阳光照射强度增加，随之相应地调节车厢内部的温度。当阳光传感器失效时，控制单元将采用预设值来控制。如图3-2-13所示。

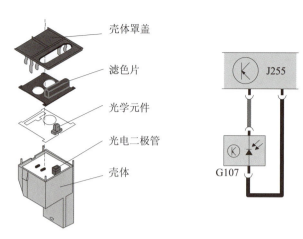

图3-2-13 阳光传感器

4. 蒸发器温度传感器

蒸发器温度传感器安装在蒸发器的表面，通常是负温度系数的热敏电阻型。

蒸发器温度传感器如图3-2-14所示。

蒸发器温度传感器的作用：

（1）测量蒸发器表面温度，修正混合门位置；

（2）测量蒸发器表面温度，控制压缩机，在蒸发器表面温度低于0℃时，使压缩机不工作，防止蒸发器表面结霜；

（3）控制鼓风机的转速。

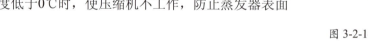

图 3-2-14 蒸发器温度传感器

5. 水温传感器

水温传感器一般安装在暖风装置里面，如图3-2-15所示为水温传感器实物图。

图3-2-15 水温传感器

（1）水温传感器的作用

①测量加热芯温度，修正混合门的位置。有些车型采用发动机水温传感器代替。

②保护功能，防止发动机在高温下压缩机工作。有些车型采用发动机水温传感器代替，也有些车型采用水温开关代替。

③控制鼓风机。水温过低时，系统会启动鼓风机的预热控制，也就是说，如果水温太低且在取暖工况，为了防止吹出的风是冷风，当水温低于系统设定温度时，鼓风机会低速

工作或不工作。有些车型采用发动机水温传感器代替，也有些车型采用水温开关代替。

（2）水温传感器的特性

自动空调系统所采用的水温传感器，一般采用负温度变化系数的热敏电阻。随着温度的升高，热敏电阻的阻值会减小；随着温度的降低，热敏电阻的阻值会增大。

6. 空气质量传感器

空气质量传感器主要是测量空气中的水分（空气湿度）、环境温度、外界空气污染程度（通过测量空气中的CO、CO_2、NO_x含量），空调电脑采用以上的测量结果，去控制压缩机的工作负荷与进气门的位置，如图3-2-16所示为空气质量传感器。

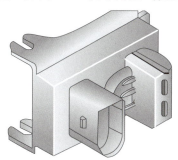

图3-2-16 空气质量传感器

（1）控制进气门位置（车内空气质量控制）

人在车内会不断消耗氧气，产生二氧化碳，为了防止人体缺氧，引起疲劳、头痛和恶心，车内每位乘客所需新鲜空气应为$20\sim30m^2/h$，二氧化碳浓度应保持在0.1%以下。所以车辆在行驶过程中进气门应处于外循环位置（如果车辆行驶在多尘环境中，进气门处于外循环位置就会使车内空气更加不新鲜。所以此时应暂时处于内循环位置）。

控制条件：

环境温度大于7℃。控制面板的指示灯点亮。

控制结果：

如果空气质量传感器测量出的外界空气质量比车内平均空气质量（估算）差，空调电脑就依此控制进气门处于100%内循环位置。

如果空气质量传感器测量出的外界空气质量比车内平均空气质量（估算）好，空调电脑就依此控制进气门处于外循环位置。

注意：

①如果空调面板上的内循环控制按钮被按下，进气门会强制处于100%内循环位置。

②如果环境温度太高，进气门就不论空气质量好坏，都处于100%内循环位置。

（2）控制压缩机功能（车内空气湿度控制）

车内空气相对湿度一般维持在30%～70%为宜。若低于30%，人会因为空气干燥而产生皮肤痒等不良反应；若高于70%，人会因为空气潮湿而产生闷热等不良反应。

环境空气湿度高，空调压缩机处于满负载状态，也就是使蒸发器表面温度处于最低（大约2℃）。由于空气流过蒸发器而达到干燥（除湿）的最高程度，若出风口温度过低，可使干燥后的空气通过热水芯加热来调节。

环境空气湿度低，若要求的出风口空气温度不是很低，空气压缩机处于较低负载状态，也就是使蒸发器表面温度处于大约14℃。

7. 烟雾传感器

烟雾传感器设在后空调装置内。当接通点火开关且空调处于AUTO模式时，烟雾传感器就开始检测烟雾。然后将信号发送至空调电脑，使后送风电机按低速运转。

8. 门灯开关

在某些空调系统中，驾驶员和乘客车门开关将车门信号送至空调电脑。汽车停下以后只要有任何一扇门开着，车门半开的开关信号即送到空调计算机，使它打开抽风机电动机，热空气便经车内温度传感器吹出。这个动作只有在车内温度高于某一规定值时才发生。

9. 发动机电脑输入【动力控制模块（PCM）输入】

在很多系统中，一些输入信号先送到PCM模块，然后传送到空调电脑。这些输入信号包括发动机冷却液温度、发动机转速、车速以及空调系统压力等。在某些汽车上，这些输入信号用诸如CAN-BUS在PCM模块和空调电脑之间传送。

10. 空调压缩机转速传感器

该传感器一般安装在压缩机壳体上，用于检测压缩机的转速。传感器将压缩机的转速送到电脑后与发动机转速进行比较，以判断压缩机皮带是否打滑或断裂。若压缩机皮带打滑，电脑会使压缩机停转。该传感器类型通常是磁电式。例如，奥迪A6自动空调系统装备了带转速传感器的变排量压缩机。

四、自动空调的执行元件

空调电脑向执行器输出的信号种类有：控制风门位置的各种风门驱动信号、控制鼓风机转速的信号、控制压缩机工作的信号。

按照伺服电动机的不同作用，自动空调控制风门位置的伺服电动机的类型可分为：进气模式伺服电动机，又称为通风模式伺服电动机；空气混合控制伺服电动机，又称混合风门伺服电动机；出风模式伺服电动机，又称出风方式伺服电动机或气流方向伺服电动机，一般包括中央风门伺服电动机和脚部空间风门／除霜风门伺服电动机两个。

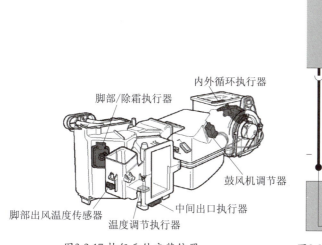

图3-2-17 执行元件安装位置

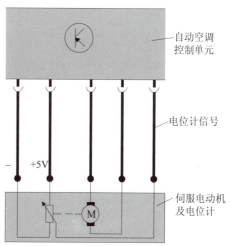

图3-2-18 伺服电动机及电位计与电脑的连接电路

图3-2-17所示为自动空调的执行元件的安装位置，图3-2-18所示为伺服电动机及电位计与电脑的连接电路。

1. 混合门伺服电动机

由于混合门在风道中所处位置很特殊，如图3-2-19，混合门伺服电动机是系统最关键的部件，混合门的位置需要精确控制，如果位置偏差一点，车厢内空气温度就会相差很多。

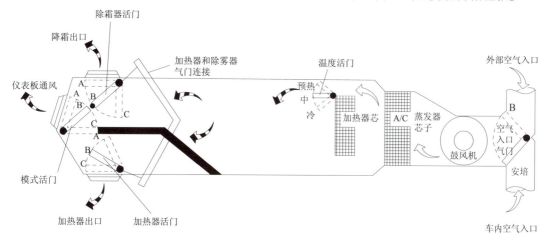

图3-2-19 上海别克风道平面图

（1）混合门的分类

混合门按控制方式不同可分五种：带位置传感器的直流电动机、步进电动机、混合门伺服电动机、内含微芯片的混合门电动机、真空伺服电动机等。

①型号一：带位置传感器的直流电动机

本型号大量应用于早期车辆，主要应用于福特、丰田、本田、三菱、早期日产等车型（其中位置传感器位于伺服电动机内部）。其结构示意图如图3-2-20所示。

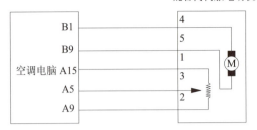

图3-2-20 型号一混合门伺服电动机结构示意图

②型号二：步进电动机

宝马、雷克萨斯等车型采用步进电动机来驱动混合门，由于步进电动机具有自动定位的功能，这种型号没有混合门位置传感器。

③型号三：混合门伺服电动机

该电机内含微芯片，通过控制总线与空调电脑通信。现在新款车型普遍采用这种型号，如风度、新款奔驰等。其结构示意图如图3-2-21所示。

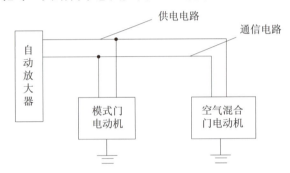

图3-2-21 型号三混合门伺服电动机示意图

④型号四：内含微芯片的混合门电动机

该电动机不能通过控制总线与空调电脑通信，这种型号主要应用在通用车系上。

⑤型号五：真空伺服电动机

这种型号应用在部分车型上，如别克世纪、部分奔驰车上，结构比较简单。

2. 模式门伺服电动机

自动空调的出风口有三大类：仪表板出风口（Vent）、脚部出风口（Foot）、除雾（Defrost）。出风口的工作模式有两种组合：仪表板出风口（Vent）+双层（Bi-Level）+脚部出风口（Foot）；脚部出风口+除雾（DEF）。在手动挡，可以控制风门处于五种出风类型中的一种；在自动挡，电脑可以控制风门处于仪表板出风口、双层、脚部出风口。

模式门伺服电动机按控制方式划分，可分成五类：直流电动机+位置传感器、直流电动机+位置开关、电动机内含微芯片，通过控制总线与空调电脑通信、真空伺服电动机、丰田专用的模式门伺服电动机。

3. 进气门

进气门的结构较简单，如图3-2-22所示。检测方法也较简单，其中2号线为电源线。当4号线搭铁时，进气门会运行到新鲜位置；当3号线搭铁时，进气门会运行到循环位置。

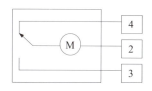

图3-2-22 进气门结构示意图

4. 鼓风机控制模块

（1）配置

与处于放大器控制的自动空调器上的鼓风机转速控制一样，与空气混合控制风挡连接的鼓风机转速控制开关自动改变鼓风机的转速，而水温控制开关则用于进行预热控制。与那些用于微电脑控制的自动空调器中的部件相当的部件如下所示：

功率晶体管根据来自自动空调器放大器的BLW端子的鼓风机驱动信号，改变流至鼓风机电机的电流，从而改变鼓风机的转速。

有些车型中，功率晶体管有一个熔点为114℃（243℉）的温控熔断丝，以保护晶体管不致因过热而损坏，如雷克萨斯LS400。

（2）工作过程

①自动控制。鼓风机转速的自动控制过程与温度控制相似，即根据TAO值自动控制鼓风机转速。

AUTO（自动）开关位于暖风装置控制板上。当这个开关接通时，自动空调器放大器根据TAO的电流强度控制鼓风机转速。

②预热控制。安装在微电脑控制自动控制器内的预热控制功能，用水温传感器检测发动机冷却液的温度。由于不同车型所设定的温度不同，鼓风机电机启动时间也有所差别。有些车型是当冷却液的温度不低于30℃（86℉）时，鼓风机电机首先转动；也有些车型是当冷却液的温度不低于40℃（104℉）时，鼓风机电机首先转动。只有在位于暖风装置控制板上的AUTO开关接通，且气流方式设置在FOOT或BI-LEVEL时，这个控制才启动。

③时滞气流控制（仅用于降温）

车辆如长时间停驻在炎热阳光下，空调器启动后，往往立即放出热空气。时滞气流控制功能可防止这类问题的发生。

当以下条件满足而且仅在发动机启动时，这个控制根据蒸发器传感器检测到的冷气装置内的温度运作。

a. 压缩机启动。

b. 位于暖风装置控制板上的AUTO开关接通。

c. 当BI-LEVEL开关按下时，气流方式设置在FACE，或已设置在BI-LEVEL。

④鼓风机启动控制

鼓风机启动控制是使鼓风机驱动信号在鼓风机开关先接通约2秒后，才传送至功率晶体管，以防止功率晶体管被启动电流冲击而损坏。在这2秒内，鼓风机起动控制使鼓风机低速运转。

⑤手动控制

手动控制根据手动开关的操纵，将鼓风机驱动信号传送至功率晶体管。但是，如操纵HI（高速）开关，这个开关就启动鼓风机风扇继电器，并使鼓风机以特高转速运转。

想一想：

1. 自动空调是由哪些部分组成的？

2. 自动空调的常见传感器和执行元件有哪些？

汽车自动空调系统的使用及故障诊断

一、目的与要求

1. 认识汽车自动空调系统的各部件；

2. 会操作汽车自动空调系统；

3. 会检测自动空调系统的故障。

二、器材与设备

带有自动空调的汽车；空调诊断仪。

三、注意事项

1. 按照使用说明正确操作。

2. 有些车辆在打开制冷系统前，必须先打开通风系统。

四、操作过程

1. 自动空调的使用

桑塔纳3000型自动空调的操作面板如图3-2-23所示，它的后面就是空调电脑。

96

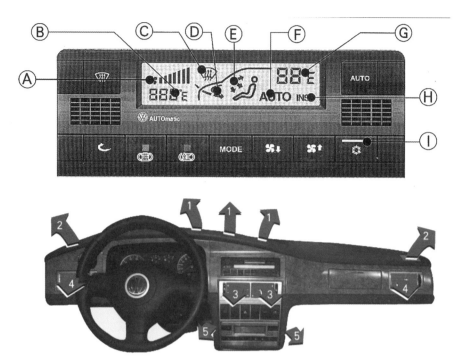

图 3-2-23 桑塔纳3000型自动空调的操作面板

（1）空调显示屏的各符号说明

A——风速显示。当鼓风机挡位变化两次时，屏幕显示才变化一对应的矩形。

B——环境温度显示。

C——除霜/除雾状态显示。

D——内外循环状态显示。当屏幕上显示"D"时，循环风门正处于内、外循环之间的某一位置，这只有在循环风门由空调控制器自动控制时才会发生。这样调节的目的是为了通过调节新鲜空气的比例来降低压缩机开启时额外增加的油耗。

E——出风模式显示。

F——自动运行显示。

G——设定温度显示。

H——设备故障显示。

注意：如屏幕上显示"INSP"，则表明执行器或传感器存在故障，此时应尽快到上海大众汽车特约维修站进行检查。

I——压缩机运转显示。

（2）操作面板各按钮的功能说明

①按钮 ——前风窗除霜/除雾按钮，按下此按钮，如果环境温度低于2℃，则运行除霜功能；反之，则运行去雾功能。

②按钮 ——手动控制空气循环模式按钮，按下此按钮，循环空气模式强制开启或关闭，在控制器屏幕的对应位置会有相应显示。

注意：

不应长时间运行循环空气模式，那样会缺少新鲜空气的进入。而且在制冷装置未启动的情况下可能会造成风窗玻璃凝结水汽。

③按钮■（蓝）——设定温度下降按钮，每按一次，车内设定温度降低1℃。如果一直按住该按钮，控制器接受连击指令，每0.3秒更新一次设定值。

④按钮■（红）——设定温度上升按钮，每按一次，车内设定温度升高1℃。如果一直按住该按钮，控制器接受连击指令，每0.3秒更新一次设定值。

注意：

控制器的初始车内设定温度为23℃，这也是所推荐的舒适点温度。

⑤按钮MODE——选择出风气流分布按钮，模式风门在各出风模式间进行切换，此时在屏幕上显示对应图案。

⑥按钮■——鼓风机转速减小按钮，每按一次，鼓风机转速减小1级。一直按住此按钮时，控制器接受连击指令，每0.3秒更新一次设定值。

⑦按钮■——鼓风机转速变大按钮，每按一次，鼓风机转速增大1级。一直按住此按钮时，控制器接受连击指令，每0.3秒更新一次设定值。

注意：

当使用者手工调节时，鼓风机风速共有14级，当鼓风机挡位变化两次时，屏幕显示才变化一对应的矩形。

当风速最低时，收到■指令，则关闭系统设备与显示屏幕（鼓风机、压缩机停止运行，所有风门执行器停留在当前位置）。

⑧按钮■——压缩机开关，按下此按钮时，按钮上的黄色指示灯点亮，启动压缩机，若鼓风机未运转，则以最低挡转速运转；当再次按下此按钮时，按钮上的指示灯熄灭，仅关闭压缩机。

⑨按钮AUTO——自动运行按钮，按下此按钮，系统即进入全自动运行状态，空调系统可以根据当前所处的环境（环境温度、阳光辐射强度、当前的车内温度、车速和发动机冷却水温度等）及使用者的设定，自动调节所有的空调设备，确保车内空间舒适惬意。

注意：

使用者所做的任何操作，等待约2秒钟之后都将被控制器记忆。在下次点火开关打开时，控制器将恢复至上次熄火前的最终工作状态。

（3）自动运行模式的操作

桑塔纳3000型自动空调系统具有自动运行与手动运行两种工作模式。

当按下AUTO按钮，屏幕上对应显示亮起，即进入自动运行模式；调节■（蓝）/ ■（红）按钮，可设定车内温度。车内温度设定范围在18℃～28℃之间。采用自动运行模式并将温度设定为使用者认为合适的温度时，车内会快速实现其所希望的温度。

自动空调装置为了保持恒定的温度水平，出风温度、风速和气流分布都将被自动调整，环境温度、阳光辐射强度、当前的车内温度，车速和发动机冷却水温度等因素的变化会引起以上控制对象的调整。因此，几乎在所有情况下，自动运行模式一年四季都会满足车辆乘员的舒适度。

当使用者按下除AUTO、■（红）和■（蓝）之外的任何按钮，自动运行模式停止，屏

幕上对应显示熄灭，但温度会继续得到控制。

注意：

在冬季，为避免发动机刚启动时，冷却液温度过低，导致吹出的冷风影响使用舒适性，系统会自动将风速调至很低水平。

（4）手动运行模式的操作

使用手动运行模式，出风温度、风速和风向都必须分别进行调节，使用者未定义的设备仍由控制器自动调节。

①温度调节

在手动运行模式下，使用者所设定的温度范围仍在18℃～28℃之间，推荐设定为23℃。

当以下两种情况出现时，车内温度将不被调节：

设定温度为18℃时，使用者继续按下■（蓝）按钮，此时屏幕上显示"LO"，空调系统进入最大冷却运行状态，控制器会有一系列的指令调整各个设备，确保车内温度能够得到设备能力允许范围内最大幅度的下降。

注意：

此时若关闭压缩机，则整个系统处于自然通风状态，所输送的空气既未冷却也未加热。

设定温度为28℃时，使用者继续按下■（红）按钮，此时屏幕上显示"HI"，空调系统进入最大加热运行状态，控制器会有一系列的指令调整各个设备，确保车内温度能够得到设备能力允许范围内最大幅度的上升。

②风速调节

风速由风速调节按钮和进行无级调节。行驶时鼓风机应一直处于运行状态，以随时向车内提供新鲜空气。风速最低时，收到指令，则关闭系统设备与显示屏幕（鼓风机、压缩机停止运行，所有风门执行器停留在当前位置）。

③气流分布调节

通过按钮MODE调节气流分布，也可以通过调节仪表板出风口上的四个调节滚轮进行局部调整。

注意：

无论自动运行或手动运行时，当出风模式运行在和时，请将出风口3的滚轮关闭，并调整出风口4的百叶窗，使之指向左右侧窗，这样有利于保持侧窗视野清晰。

④制冷装置开启／关闭的操作

通过按钮关闭制冷装置，可以降低油耗，此时控制器还可以控制车内温度，但只能在高于车外空气温度的范围内调节车内温度。

⑤循环空气控制

使用内循环空气可以防止不适气体进入车内。按下，开启或关闭循环空气运行模式。

使用内循环空气，可以在车外温度很低时，改善采暖效果；也可以在车外温度很高时，改善制冷效果；还可以在车外湿度很高时，避免潮湿空气进入车内，但此时必须开启制冷装置以配合除湿。

⑥除霜/除雾的操作

如果环境温度低于2℃，按 按钮运行除霜功能，此时控制器关闭循环空气运行装置，吸入的车外空气经最大加热后直接导向前风窗和前部侧窗，风速也会自动提升到较高位置。待视野清晰后，使用者可以再次按下此按钮退回到原先的使用状态。

如果环境温度高于2℃，按 按钮运行除雾功能，此时控制器打开循环空气运行装置，吸入车内空气，并打开制冷装置降低空气湿度后经适当加热直接导向前风窗和前部侧窗。待视野清晰后，使用者可以再次按下此按钮退回到原先的使用状态。如果环境湿度非常高的话，使用者可以通过按钮MODE调节气流分布，这样就能在去湿除雾状态中得到自己所需要的舒适环境了。此时压缩机运转所增加的功耗仅为高温环境下的1/3左右，但运转所带来的清晰视野对安全行驶是非常有帮助的。

⑦有害物质滤清器

有害物质虑清器（颗粒滤清器）能显著降低车外空气中的有害成分（如灰尘和花粉）。

有害物质滤清器必须根据保养计划规定的间隔进行更换，否则会影响空调装置的功率。

如果车辆经常在有害物质含量高的环境中使用，会导致滤清器效能提前下降，必须在规定的保养间隔到达前更换有害物质滤清器。

2. 自动空调电控系统的故障诊断

自动空调系统的结构比较复杂，给检修和维护带来了一定的困难，为此电脑都设有自我诊断与失效保护功能。工作时ECU不断检测系统工作有无潜在的故障，并把系统状况与程序参数进行比较，如果超出了参数的极限，ECU就会把故障以代码的形式记录下来。在维修时，先用自诊断功能来获取故障信息，然后有针对性地进行维修。读取故障码的方法有两种：就车手动提取故障码和使用诊断仪提取故障码。

下面以桑塔纳3000为例，阐述其自动空调故障自诊断。

（1）空调系统的风门执行器与传感器故障提示

如果风门执行器与传感器发生故障，则在空调控制面板显示屏上显示INSP，此时在自诊断模式中可显示相应的故障代码。

（2）进入自诊断模式的方法

按下MODE按钮并保持，然后按下鼓风机转速提升按钮，保持3秒后，系统进入自诊断模式。

在屏幕上"车内设定温度显示"处显示故障序号，"环境温度显示"处显示故障代码，无故障则显示"0"。

此时按制冷按钮向前翻页，按内循环按钮向后翻页。按下AUTO则退出自诊断模式，恢复至系统原状态。

（3）故障码表

桑塔纳3000自动空调故障码如表3-2-1所示。

表3-2-1 桑塔纳3000自动空调故障码表

故障代码	故障部件	故障原因	故障时系统的应急措施
01	温度风门电动机	电动机卡死、电位器短路/开路	
02	内循环风门电动机	电动机卡死、电位器短路/开路	
03	中央风门电动机故障、除霜/脚部风门电动机正常	电动机卡死、电位器短路/开路	
04	除霜/脚部风门电动机故障、中央风门电动机正常	电动机卡死、电位器短路/开路	
05	中央风门电动机、除霜/脚部风门电动机同时故障	电动机卡死、电位器短路/开路	
06	环境温度传感器	短路/开路	温度设定为16℃
07	车内温度传感器	短路/开路	温度设定为27℃
08	蒸发器温度传感器	短路/开路	温度设定为4℃
09	阳光传感器	短路/开路	数值设定为200W/m^2
10	冷却液温度传感器	短路/开路	温度设定为90℃
11	新鲜空气温度传感器	短路/开路	温度设定为20℃

（4）电器检测

①进入电器检测模式

接通点火开关，按下MODE并保持，然后按温度下降按钮，保持3秒后，系统进入检测模式。

在屏幕上"车内设定温度显示"处显示检测序号，"环境温度显示"处显示相应数值。

此时按制冷按钮向前翻页，按内循环按钮向后翻页。按下AUTO则退出自诊断模式，恢复到系统原状态。

②电器检测表

桑塔纳3000自动空调电器检测表如表3-2-2所示。

表3-2-2 桑塔纳3000自动空调电器检测表

显示序号	传感器	显示内容
01	车内温度传感器	采样值
02	环境温度传感器	采样值
03	蒸发器温度传感器	采样值
04	冷却液温度传感器	采样值，数值来自组合仪表
05	阳光传感器	采样值的1/20
06	新鲜空气温度传感器	采样值
07	车速传感器	显示其采样值的1/5，数值来自组合仪表

操作内容	汽车自动空调系统的使用及故障诊断	操作时限	15min
评价要求	1. 检查燃油、润滑油、冷却液、蓄电池（口述）		
	2. 正确使用自动空调系统		
	3. 正确诊断自动空调系统发生故障的部位		
	4. 正确读取故障代码		
	5. 熟知自动空调系统的工作过程		
评分细则	A. 诊断前检查水、油、电（或口述），熟练、正确使用检测仪器及工具，熟练、正确进行故障诊断及读取故障代码，了解自动空调系统的工作过程		
	B. 操作方法、步骤错误小于2处		
	C. 操作方法、步骤错误小于4处		
	D. 超时或操作方法、步骤错误大于4处		
	E. 放弃		
得分			

1. 夏天如果车辆在太阳下放置时间过长，为什么应先打开车窗，然后再开启空调？
2. 计算机控制的汽车自动空调系统，通常由哪些部分组成，它有哪些工作特点？
3. 计算机控制的汽车自动空调系统与手动空调系统相比，在结构与功能上主要存在哪些区别？
4. 桑塔纳3000型自动空调当出风模式运行在 $\bigstar$ 和 $\bigstar$ 时，为什么要将出风口3的滚轮关闭？而手动空调运行在 $\bigstar$ 和 $\bigstar$ 时，也要这样操作吗？
5. 两种循环空气控制模式在工作时，各有什么特点？在功能上有哪些区别？

项目小结

1. 汽车空调的电气控制系统包括：鼓风机的控制、冷凝器冷却风扇的控制、压缩机电磁离合器的控制、管路压力的控制、温度控制和其他控制措施。

2. 鼓风机是汽车空调系统管路中空气流动的动力源，由直流电机驱动离心式风扇。鼓风机的转速调节方法通常是在鼓风机电路中串入不同阻值的电阻，改变流入电机的电流大小来设置多个转速挡。也可改为占空比控制，无级调节施加在鼓风机电机线圈上的平均电压大小，实现鼓风机的无级调速。

3. 冷却风扇帮助冷凝器散热，有的还同时担负着发动机散热器的冷却任务，其工作可能受到汽车空调和发动机水温的双重控制。

4. 压缩机电磁离合器由压缩机皮带轮与压缩机主轴之间的动力传输装置，通过接通与断开

其电路来控制压缩机的工作与否。定排量空调压缩机都装有电磁离合器，而变排量空调压缩机有的装有电磁离合器，有的则没有。主要由作为主动元件的皮带盘、从动元件吸盘、电磁线圈组成。

5. 汽车空调系统都设有压力控制与保护的元件，有的采用压力开关，有的采用压力传感器，一旦制冷系统的温度和压力异常，即切断压缩机电磁离合器电路，防止系统管路或压缩机损坏。

6. 汽车空调温度控制：既要保证蒸发器表面不结霜不结冰，又要保证达到最高的制冷效率，必须对系统内的制冷剂流量与压力加以调节与控制。除依靠系统本身的电磁离合器、膨胀阀等元件外，还需要蒸发器温控开关，其作用是控制压缩机在给定的蒸发温度范围内工作，防止蒸发器结霜结冰。温控元件有波纹管式（恒温开关）与热敏电阻式两种。

7. 空调其他控制措施包括：空调水温控制开关，当水温过高时，温控开关断开，压缩机停转，以防止发动机过热；环境温度开关，串联在压缩机电磁离合器电路中，或连接到空调控制器中，当环境温度高于10℃左右的设定值时，压缩机可以正常工作，否则断开压缩机；怠速控制装置，在发动机怠速时打开空调会增加发动机的负荷，此时提高怠速转速，关闭空调时，则相反；加速切断控制装置，在汽车加速或超车时暂时切断压缩机电磁离合器电路，提高汽车的加速性能，同时保护压缩机；冷凝器风扇控制，空调制冷系统开始工作时，不管冷却液温度的高低，冷却风扇都会低速运转给冷凝器散热；如果制冷系统压力高过一定值时，冷却风扇则以高速运转，提高散热能力。

8. 汽车空调控制系统按不同的控制功能可分为手动空调和自动空调。手动控制的空调系统，它只能按驾驶员所设定的温度、鼓风机转速和工作模式去运转，压缩机的通与断动作变化只按驾驶员所设定的温度去动作。自动控制空调能根据驾驶员所设定的温度不断检测车内车外温度、太阳辐射等参数，自动调节鼓风机转速、进气模式、出风模式、压缩机运行，保持车内温度在设定范围内，获得良好的舒适性。

9. 自动空调系统分为半自动空调和自动空调两类，两者主要差别在于所采用的执行机构的形式、传感器数量和控制功能的不同。自动空调可以根据车内外环境变化自动保持车内目标温度不变，并自动控制风扇转速、出风模式和内外循环模式。半自动空调仅温度调节是由电脑控制伺服电机来驱动温度风门实现的，手动设定空调面板上的温度数值后，空调电脑就会通过电机的工作和压缩机的负载来控制出风温度，但是出风模式、风扇转速、内外循环模式都还需手动调节。

10. 自动空调系统的电控部分由传感器、电脑控制单元以及执行元件组成。传感器作为信息采集装置，将制冷、车内外温度及其他相关信息输入到电脑控制单元中。电脑控制单元将获得的信息进行分析、处理，经"模／数"转换后以数字形式向执行装置发出控制信号，对车内的温度、湿度及空气的流通按照设定要求进行调节。调节的结果被传感器反馈到电脑控制单元进行比较、分析、处理，然后再次传递到执行装置，如此进行反复调节，直到达到设定要求为止。

11. 半自动空调工作时，通过预设温度与室内温度相比较来调节蒸发器内部冷热混合风门的角度，来达到按一定比例混合冷热空气的目的。同时，在出风管道内也装有风道温度传感器来确认出风的温度。半自动空调工作时，如果觉得太冷或太热，不需要关闭制冷压缩机或关闭鼓风机，只需调节温度开关，就可以达到室内恒温的效果。

12. 自动空调系统的功能包括：鼓风机转速控制、温度控制、进气控制、模式门控制、压缩机控制等。

13. 自动空调的组成总体上与手动空调相同，也由四部分组成：制冷循环系统、取暖系统、配气系统、操纵与控制系统。

14. 自动空调的基本工作原理：电脑根据控制面板输入信号、外界温度和车内温度传感器的输入信号，计算出需要的暖气与冷气数量，以此确定混合风门开度、气流分送模式和鼓风机转速。

15. 自动空调的输入元件有：车内温度传感器、车外温度传感器、阳光传感器、蒸发器温度传感器、水温传感器、空气质量传感器、烟雾传感器、门灯开关、空调压缩机转速传感器和发动机电脑输入等。

16. 自动空调的执行元件：空调电脑向执行器输出的信号种类有控制风门位置的各种风门驱动信号、控制鼓风机转速的信号和控制压缩机工作的信号三类。

17. 自动空调控制风门位置的伺服电动机：进气模式伺服电动机、空气混合控制伺服电动机、出风模式伺服电动机。出风模式伺服电动机一般包括中央风门伺服电动机和脚部空间风门/除霜风门伺服电动机两个。

18. 自动空调控制系统的控制内容包括：进气模式控制、鼓风机转速控制、送风温度控制、出风模式控制、压缩机控制和双温区控制等。

测 试 题

一、判断题

（　）1.　空调冷却风扇是汽车空调系统管路中空气流动的动力源。

（　）2.　在制冷系统工作时，鼓风机必须同步或提前工作。

（　）3.　变排量空调压缩机都装有电磁离合器。

（　）4.　奥迪A6轿车取消了电磁离合器，其排量调节采用一个占空比控制的调节阀N280来实现。

（　）5.　一旦制冷系统的温度和压力异常，立即切断压缩机电磁离合器电路。

（　）6.　高压开关或压力传感器通常安装在制冷系统低压一侧的管路或部件上。

（　）7.　当制冷剂压力大于1.77MPa时，接通冷凝风扇高速挡电路，风扇以高速运行。

（　）8.　高压泄压阀是制冷系统的高压保护元件，一般安装在压缩机后盖上高压侧，是一个弹簧加载的压力阀。

（　）9.　温控开关的工作范围为温度在−1.5℃～+1.5℃之间时闭合，高于1.5℃时断开。

（　）10.　温控的要求是既要保证蒸发器表面不结霜不结冰，又要保证达到最高的制冷效率。

（　）11.　波纹管式温控开关的感温筒贴在蒸发器管路的散热片表面上。

（　）12.　当环境温度过低时，压缩机内冷冻油黏度较大，流动性较差，润滑不良，如此时启动压缩机，会加大压缩机的磨损甚至损坏压缩机。

（　）13.　当水温过高时，温控开关断开，空调压缩机停转，以防止发动机过热。

（　）14.　空调制冷系统开始工作时，不管冷却液温度的高低，冷却风扇都会低速运转给冷凝器散热。

（　）15.　急加速状态时，压缩机电磁离合器电路被切断几秒钟，这是不正常现象。

二、选择题

（　）1.鼓风机的转速调节方法可以是哪些？

　　　A.在鼓风机电路中串入不同阻值的电阻　　　B.通过占空比控制

　　　C.改变鼓风机阻力大小　　　D.改变鼓风机的线圈匝数

（　）2.冷却风扇可能受到哪些因素的影响？

　　　A.汽车空调　　　B.机油压力

　　　C.发动机水温　　　D.进气管真空度

（　）3.关于变排量空调压缩机的电磁离合器，下列哪些说法正确？

　　　A.必须要装备电磁离合器　　　B.有的装备了电磁离合器

　　　C.有的没有装备电磁离合器　　　D.不允许装备电磁离合器

（　）4. 电磁离合器由哪几部分组成？

    A. 主动元件的皮带盘   B. 从动元件吸盘

    C. 电磁线圈   D. 皮带轮

（　）5. 空调制冷系统泄漏会产生哪些后果？

    A. 车厢内产生异味   B. 制冷效果下降

    C. 压缩机损坏   D. 暖风温度不够高

（　）6. 下列哪些情况下制冷系统的高压开关或压力传感器能够感应到故障？

    A. 高压系统堵塞   B. 冷凝器散热片堵塞

    C. 冷凝风扇不转   D. 制冷剂加注过量

（　）7. 低压开关的压力控制值一般设为多少？

    A. 0.1MPa   B. 0.2MPa   C. 0.3MPa   D. 0.4MPa

（　）8. 关于三位压力开关的工作过程，哪些情况能够使压缩机正常运转？

    A. 当制冷剂压力≤0.196MPa时   B. 当制冷剂压力达到0.2MPa以上时

    C. 当制冷剂压力大于1.77MPa时   D. 当制冷剂压力达到3.14MPa以上时

（　）9. 能够达到制冷系统出风温度控制效果的元件有哪些？

    A. 电磁离合器   B. 膨胀阀   C. 温控开关   D. 压力开关

（　）10. 温控开关的工作温度为+0.5℃时，内部触点一般是什么状态？

    A. 断开   B. 闭合   C. 半断开   D. 半闭合

（　）11. 控制蒸发器温度，防止表面结霜有哪些办法？

    A. 直接用温控开关控制蒸发器表面温度

    B. 通过控制制冷剂蒸发压力来控制蒸发器表面温度

    C. 持续关闭空调

    D. 将鼓风机关闭

（　）12. 空调制冷系统开始工作时，冷却风扇在低速运转，技师A说这是正常现象，技师B说这是控制电路有故障，谁说的正确？

    A. 技师A说的对   B. 技师B说的对

    C. 技师A和B说的都对   D. 技师A和B说的都不对

（　）13. 自动控制空调能够检测哪些参数？

    A. 车内温度   B. 车外温度

    C. 太阳辐射   D. 发动机水温

（　）14. 为了保持车内温度在设定范围内，获得良好的舒适性，自动控制空调能够自动调节下列哪些项目？

    A. 鼓风机转速   B. 进气模式

    C. 出风模式   D. 压缩机运行

（　）15. 自动空调由哪些部分组成？

    A. 制冷循环系统   B. 取暖系统

    C. 配气系统   D. 操纵与控制系统

三、思考题

1. 汽车空调的电气控制系统一般包括哪些方面的控制？

2. 为什么汽车空调系统要进行管路压力控制？

3. 为什么汽车空调系统要进行温度控制？

4. 如何操作自动空调的控制面板？

5. 自动空调的工作原理是什么？

6. 自动空调系统的控制功能一般有哪些？

7. 自动空调系统一般使用哪些传感器？各有什么作用？

8. 自动空调系统中控制风门位置的伺服电动机有哪些？各有什么作用？

汽车空调

参 考 文 献

1. 赵学斌，王凤军.汽车电器与电子控制技术[M].北京：机械工业出版社，2006.2
2. 凌永成，李淑英.汽车电气设备[M].北京：北京大学出版社，2010.3
3. 成安，朱占平.汽车电子电器设备[M].大连：大连理工大学出版社，2007.3
4. 舒华.汽车电器设备与维修[M].北京：北京理工大学出版社，2005.5
5. 朱学军.汽车电气设备构造与维修[M].北京：中国劳动设备保障出版社，2010.1
6. 董恩国.汽车电气设备构造[M].北京：科学出版社，2009.11
7. 温国标.汽车电气设备构造与检修[M].北京：机械工业出版社，2008.8
8. 李春明.汽车电器设备与维修[M].北京：高等教育出版社，2005.5
9. 孙仁云，付百学.汽车电器与电子设备[M].北京：机械工业出版社，2006.1
10. 黎亚洲，徐丹杰.汽车电气系统维修技术基础[M].北京：机械工业出版社，2009.1
11. 扈佩令，林治平.汽车电气设备构造与维修[M].北京：机械工业出版社，2010.1
12. 吴芷红，胡福祥.汽车电气设备[M].北京：中国水利水电出版社，2010.1